# ART of MANLINESS

# 男の教科書
# 危機から身を守る108のスキル

ブレット・マッケイ&アート・オブ・マンリネス
茂木作太郎［訳］

並木書房

# 男たちへ

# はじめに

男である以上、この世では常に有能でなければならない。優れた身体能力を有し、文化にも堪能……これらの特質を持った男が生存と社会での成功を可能にする。

また、どのような状況に置かれても手際よく、巧みに問題を解決するための幅広いスキルを持った男こそが男らしい。

これは、フランス語の「サヴォアフェール（savoir-faire）」という概念に近い。君も知っているだろう。ジェームス・ボンドが、セオドア“テディ”ルーズベルトがこの概念を身をもって示し、我々の祖父も同様であった（私の祖父がそうあったことは覚えている）。

サヴォアフェールを身につけた男はパンクしたタイヤを交換し、どのような場であってもビシッとした格好を好み、相手がトラックの運転手だろうと、外交官であろうと会話を楽しみ、武器を手にした悪漢の動きを封じる。

サヴォアフェールを自分のものにするということは、

男になるということだ。それは穏やかで、気が利いて、賢く、手先が器用で、才覚があり、臨機応変な男である。

文化を問わず、女性があこがれる男性に共通する特徴は有能さであることが研究によって証明されており、それはスポーツカーや割れた腹筋ではない。女性は高度なスキルを持った男を探す。世界各地の文化圏で、これらの特質が男に求められ、独立と自由の前提条件とされる。有能な男は満たされ、自主性のある人生を送る。

どのような状況下でも歩みを止めず、いかに行動するかを知り、尊敬・注目を集め、問題に対処できる技術と自信を手にすることは素晴らしい。哲学者ニーチェがこれを的確に表現している。「幸せとは実力がより多く身についていると実感できることである」

自由自在に操れるスキルを増やしていくことで、君はより有能な男になるだろう。君はより強く、影響力のある男になり、最高の気分を味わえるに違いない。

私は「アート・オブ・マンリネス」を2008年に始め、自信と目的意識、スキル、美徳を失い、さまよい続ける現代の男たちが、あこがれの男たちの体現した「サヴォアフェール」を学び、上達できるよう、世界中の男たちを手助けしてきた。この本を通じて、空虚な空間を漂流する君が、尊敬に値する、円熟した、有能な夫、父、兄弟、市民になれるよう手を差し伸べる。

男が知らなければならないスキルが何であるかという論争は何世紀にもわたり交わされてきた。その論争はおそらくこれからも続くだろう。本書を上梓したことで、私たちもこの大きな論争に加わることになった。男が知らなければならないスキルのすべてを書き連ねることはできないが、この本を読むことで読者は幸先のよいスタートを切ることができるだろう。私たちは素晴らしい遺産と現代の資産をつなぎ、多方面で活躍するために、この手引き書を提供する。

現代の男が一度は体験する役割に応じて、本書を6つの章に分けた。冒険者、紳士、職人、戦士、家庭の男、リーダーである。万能な男を作り上げる「ハードスキル」と「ソフトスキル」の絶妙な組み合わせを読者は目にするだろう。資本主義および民主主義の社会に住んでいる男の多くにとって、上手な着こなし、効果的なリーダーシップ、カリスマ性の発揮などのソフトスキルは成功への一助となる。その一方で、現代社会ではサバイバルをしたり、物理的な脅威から常に身を守る必要はほとんどないが、戦いの方法や火の起こし方などのハードスキルもまだ必要である。

出世を目指す、あるいは森で迷ったとき、スキルは身についていたものの必要なかった方が、必要だが身についていなかったよりもありがたい。

私たちは極地探検家やカーレーサー、サバイバリスト、医師ではないかもしれないが、彼らから学ぶことはできる。それぞれのスキルをアドバイスするにあたり、私たちは調査し、その方面に明るい第一人者に助言を求めた。とはいえ、読者は深く考えをめぐらし、自身の安全に責任を負い、ほかの人を尊重して欲しい。

新しいスキルを手に入れることで君が成長と挑戦に突き進むことを祈っている。能力が向上すれば、感動を与え、そして有能な男になれる。状況に応じたスキルをすでに手にしていることがわかったときの感動は何ものにも代えがたい。何千年にもわたる人類の歴史が、これらのスキルを持った男たちが男らしかったことを証明している。健闘を祈る！

ブレット・マッケイ（「アート・オブ・マンリネス」創設者）

# 目　次

はじめに　2

第1章　冒険者になる　15

1.木を伐採する　16
2.薪を割る　18
3.火を起こす　20
4.焚き火を愉しむ　23
5.氷上から落ちたら　24
6.クマを撃退する　26
7.松明を作る　28
8.暴走車から飛び降りる　30
9.水没する車から脱出する　32
10.橋から飛び込む　34
11.山野で水を探す　36
12.飛行機を着陸させる　38
13.飛行機事故から生還する　40
14.携帯電話を活用する　43
15.カヌーを漕ぐ　44
16.イカダを作る　46
17.竜巻から身を守る　48

18.消防士のように人を運ぶ　50
19.ロウソクを自作する　52

## 第2章　紳士を目指す　53

20.ウィンザーノットでネクタイを結ぶ　54
21.蝶ネクタイを結ぶ　56
22.ハンカチを持つ　57
23.マフラーを結ぶ　58
24.身体に合わせたスーツ　60
25.ネクタイとシャツを合わせる　62
26.スーツと靴を合わせる　63
27.ワイシャツにアイロンをかける　64
28.腕まくり　66
29.究極の靴磨き　70
30.靴を手入れする　72
31.ドップキットを用意する　74
32.デートに持っていくもの　75
33.安全カミソリで髭を剃る　76
34.片刃カミソリで髭を剃る　78
35.口髭を整える　80
36.完璧な初デート　82
37.女性のためにドアを開ける　84

38.ダンスを学ぶ 87
39.女性にコートを着せる 88
40.テーブルマナーとエチケット 90
41.手品を披露する 92
42.完璧にステーキを焼く 95

第3章 職人の技に学ぶ 97

43.ツールボックスに必要なもの 98
44.ハンマーを正しく使う 100
45.モンキーレンチを使いこなす 102
46.ポケットナイフを活用する 104
47.ナイフを研ぐ 106
48.斧を扱う 108
49.ロープ結びをマスターする 110
50.ドアを蹴り破る 112
51.防災用具を車に常備する 113
52.エンジンの仕組みを知る 114
53.マニュアル車を運転する 118
54.エンジンを再始動させる 124
55.タイヤを交換する 126
56.スリップをコントロールする 129

## 第4章 戦士たれ！ 133

57.ローバースクワット 134
58.デッドリフト 136
59.ケトルベル 138
60.プッシュアップ 142
61.プルアップ 143
62.監獄エクササイズ 144
63.ストレートパンチ 148
64.アッパーカット 150
65.素早く服を着る 151
66.拳銃を扱う 152
67.ダクトテープで縛られたら 155
68.忍者のように歩く 156
69.クーパー流「色別状況確認」158
70.状況認識を身につける 161
71.ストレスに打ち勝つ 166
72.銃撃事件に巻き込まれたら 168
73.銃撃犯に反撃する 172
74.ナイフ攻撃から身を守る 174
75.結束バンドから逃れる 176
76.車のトランクから脱出する 178

## 第5章 家族を大切にする 181

77.コミュニケーション能力を高める 182
78.宝箱を大事にする 184
79.出産を助ける 185
80.赤ちゃんを抱く 187
81.赤ちゃんにげっぷをさせる 188
82.おむつを替えよう 189
83.赤ちゃんをあやす 191
84.赤ちゃんとエクササイズ 194
85.サンタクロースになる 196
86.スマホなしで幼児をあやす 200
87.家族をVIP待遇する 202
88.完璧なオムレツを作る 206
89.カッコいいおじさんになる 208
90.いたずらを披露する 210
91.水切りを楽しむ 214
92.世界最高の紙飛行機 216

## 第6章 リーダーシップに学ぶ 217

93.リーダーシップの５つの特徴 218

94.決断のマトリクス 220

95.OODA（ウーダ）ループ 222

96.カリスマ性を手に入れる 226

97.常に男らしい姿勢で 230

98.上半身のストレッチ 234

99.T字型の頭脳を手に入れる 237

100.腰のストレッチ 238

101.カッコよく部屋を出入りする 242

102.雑談を切り上げる 244

103.面接を受けに行く 246

104.デスクに常備するもの 248

105.会議を進行する 250

106.プレゼン能力を高める 252

107.オフィス内のエチケット 254

108.男らしく握手する 256

謝辞 259

参考資料 261

「アート・オブ・マンリネス」について 262

訳者あとがき 263

怒りに身を任せ　君を責め立てる人がいても
落ち着きを失うことなく

疑いを抱かれようとも
自らを信じ　思いやりを失わず

忍耐強く　待ちくたびれることなく
あるいは欺かれても　偽ることなく

憎まれても　嫌うことなく
虚勢を張ることなく　賢いふりをすることなく

…………………………

夢を見ても　夢の虜となることなく
考えはあっても　考えに惑わされることなく

勝利の栄冠を手にしても　不幸に見舞われても
これらの２つは同じ偽りであることを知り

愚か者を陥れようと　偽り者が言葉を曲解しても
自らが語った真実に責任を負い

命を賭して作り出したものが壊されても
くじけることなく　身をかがめ　古びた工具を手にして
作り直し

…………………………

積み重ねた勝利を賭して　投げ銭を行ない

築き上げたものを失っても　振り出しに戻り
泣き言を口にせず

最後まで務めを果たすために
心身を奮い立たせ

すべてを失っても
不屈の精神だけは手放さず

…………………………

徳を失うことなく仲間と話し
王の隣で歩こうとも　民への親しみを失わず

敵であろうと　愛する友人であろうと　高潔に交わり
悲嘆に暮れることなく

信頼を得ようとも　うぬぼれることなく

呵責に過ぎ去る時間を無為に過ごすことなく
全身全霊とともに走り抜け

やがて君は苦難を乗り越え　世界と世界中のものを手にする
そして君は男になる　我が息子よ

ラドヤード・キプリング（1910）

# 第1章 冒険者になる

不便というのは冒険を誤ってとらえたときだ。
冒険は不便だというのが正しい考え方だ。
G. K. チェスタトン

男の心の中には未知の世界を冒険したいという願望がある。冒険は大きな可能性が開花することを目にする絶好の機会でもあり、いつ充実感を得られるかは出発してみなければわからない。

試みにはリスクがつきものだ。予期せぬ失敗をする危険性もあるだろう。冒険とは勇敢さを試すものであり、これは聖書が言う「汝が男であることを証明せよ」を実証する機会でもある。

冒険を通じて、男はリスクを負い、見知らぬ環境で、手際の良さを明らかにする。これは男が「if」を「did」に変えるチャンスだ。

世界のどこへ行こうとも地図は正確に作られているが、真に望む者が冒険に出ることはまだ可能で、どこへ行こうとも冒険は男の頭の片隅に存在する。作家ジャック・ロンドンは人生を「冒険の道」ととらえた。この章で私たちは君に必要な旅のスキルを伝授する。

# 1.木を伐採する

木を倒す理由は、薪作り、美しい湖畔を眺めるため、あるいは「もう落ち葉拾いはうんざりだ」など、いろいろあるが、腹の底から注意喚起の雄叫びを上げて、大地に倒れる木を見ることほど楽しく、また危険なことはそうそうない。伐採のテクニックはチェーンソー、斧、どちらにも共通だ。

1：どこに木を倒すか決める。斜面の下を見て、建物やその他の木がないことを確認する。

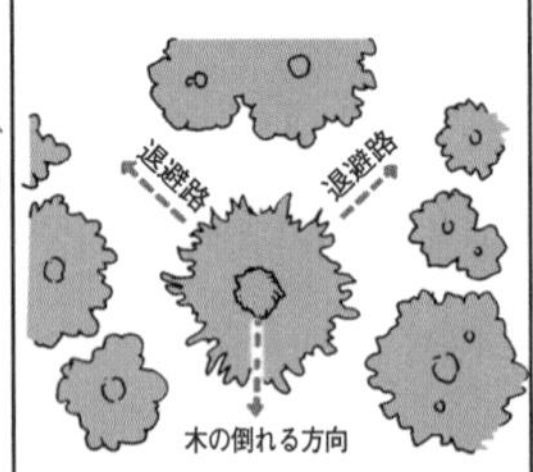


2：木が倒れる方向とは逆の方向に2つの退避路を確保する。退避路に落ちている枝や障害物を取り除く。

3：倒す方向から60〜70度の角度で、1/3に達するほどの切り込みを入れる。

**4：**次に切り終えた場所に向けて、水平に切り込みを入れ、くさび状になった木片を取り除く。

**5：**最後に反対側から切り込みの約10センチ上にくるように水平に切り込む。幹の太さが残り10〜20パーセントになったら、切り込みをやめる。

**幹の一部を残すのは倒す方向を制御する蝶番（ちょうつがい）の役割を負わせるためである。**

**6：**木が倒れ始めたら、素早く、そして注意深く退避路を後退する。

# 2.薪を割る

自動車王のヘンリー・フォードが「自分で薪を割ると、二度暖かくなる」と言ったのはよく知られている。多くの男にとって、「割る」というのは斧をつかんで、なにも考えずに叩き割ることである。しかし、君は違う。正しい道具を正しい動作で扱い、薪を効率よく割ることを学ぶ。道具と動きを身につけよ。そうすれば、すぐにポール・バニヤン（伝説上の巨人）のようになるだろう。

**1：**正しい道具を揃える。一般的な斧の代わりに薪割り専用斧を用意し、乾燥していない技や大きな木には大型ハンマーとくさびの使用を考える。

**2：**原木を薪割り台や地面など、しっかりした場所に置く。

**3：**原木の割れ目を狙う。ここがいちばん簡単に割ることができる。腕を伸ばしたときに斧が原木に当たる場所に立つ。

**一般的な斧は原木に刺さってしまう。薪割り専用斧で原木を割る。**

**4：**斧を野球バットのように持ち、片方の手をスライドして、身体全体を使って斧を構える。

**5：**上の手を動かし、斧の刃を頭の後ろへ持っていく。上の手を頭上で勢いよく動かし、刃を振り下ろす。腕は伸ばす。威力は最大になる。

**6：**大きな原木にはまず斧で切り込みを入れてくさびを差し、大型ハンマーを振るおう。

**固いものの上に原木を置かない。**
**勢いよく原木を割った刃が岩などに当たると、**
**刃の切れ味が悪くなってしまう。**

# 3.火を起こす

食料、水、火、シェルターは非常時に君を守るのに必要不可欠なものだ。火は暖かく、身を守り、信号になり、調理を可能にし、水を浄化し、快適にしてくれる。可燃物、マッチ、ライター、火打ち石と鋼（はがね）は、炎を起こすための保険となる。しかし、これらの便利なものがなくても、火を起こすことは可能だ。

**ハンドドリル――**

**1：**適当な大きさの平らな木片を用意する。これに円形のくぼみを作る。この木片がやすりの台になる。軸になるまっすぐな棒を探し、くぼみに入るよう、先端を削る。くぼみと軸が完全に合うように調節する。

**2：**着火しやすい可燃物をくぼみの中に入れる。

**3：**軸をくぼみに差し入れ、左右の手のひらで軸を挟む。

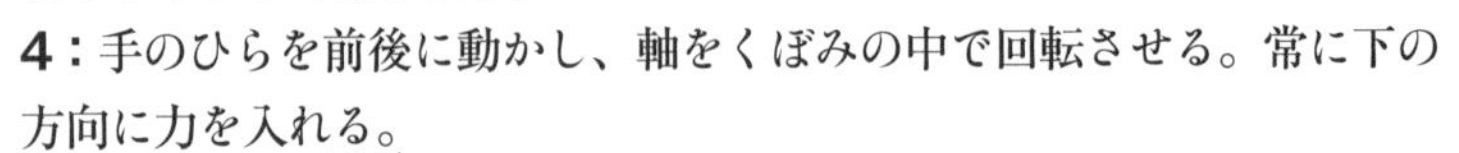

**4：**手のひらを前後に動かし、軸をくぼみの中で回転させる。常に下の方向に力を入れる。

**5：**煙が出て、熾火（おきび）ができるまで可能な限り軸を早く回転させる。数分かかるかもしれない。

## そこには、ぱちぱちと音を立て、
## ゆらめく炎があり、生は約束された。

ジャック・ロンドン『火を起こす』
（アメリカ人作家）

**弓を使ったドリル――**

**1：**ハンドドリルと同じように、やすりの台となる木片、軸、そして着火物を用意する。

**2：**腕の長さほどの弓状に曲がった棒を用意する。

**3：**紐を弓の一端に縛り、軸に１重に巻きつけ、引き絞る。そしてもう１つの端に結ぶ。

**4：**へこみのある石や中央にくぼみのある硬い木片を探し、上部から軸を押さえるベアリングにする。

**5：**ベアリングに体重をかけ、台となる木片が動かないよう、片足でしっかりと押さえる。

**6：**のこぎりを使うように、弓をできるだけ早く前後に動かす。熾火ができるまで、コントロールを失わないようベアリングを使って軸に力を加え続ける。

**レンズ**——
着火物の中心に太陽光が集まるようにレンズを調整する。着火するまでレンズは動かさない。

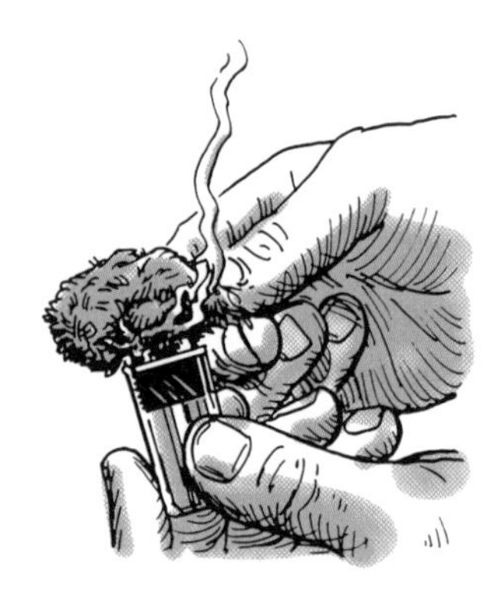

**電池**——
通電性のあるスチールウール（鉄繊維のたわし）を使って、角形電池のプラスとマイナス端子を短路して火を起こす。

# 4.焚き火を愉しむ

広々とした野外で薪を使って火を焚くことほど、人の心を原始的に満足させるものはない。ぱちぱちと音を立て、スモア（キャンプファイアで焼くお菓子）を焼き、身体を暖める焚き火はキャンプの醍醐味のひとつだ。

**1：**高木、灌木、その他の植生から離れた場所を探し、周辺の草、枯葉などの可燃物を取り除く。
**2：**火を焚く場所のまわり、直径60〜90センチに円を描くように大きな石を並べる。
**3：**くしゃくしゃにした紙、落ち葉、樹皮など乾いた可燃物を用意する。
**4：**可燃物の上に薄い木の削りかすを載せる。
**5：**鉛筆ほどの小枝をその上に組む。空気が流れるよう隙間を残す。
**6：**マッチやライターを使って点火する。火が着いたら、酸素と熱が加わるよう、火に向かって空気を送り込み、炎を大きくする。
**7：**炎が持続できるよう、大きな可燃物（薪）を入れる。

# 5.氷上から落ちたら

どんな氷面でもその上を歩くのは安全とは言えない。およそ5センチ未満の透明な氷上を危険を冒してまで進んではならない。安全なのは10センチ以上の厚さである。雪氷(せっぴょう)の場合、体重を支えるには少なくとも20センチの厚さが必要だ。氷上を歩く際にはアイスピックを持って行く。アイスピックは生死を分ける頼みの綱となる。釘と棒で自作できる。

**1：**水中では呼吸をしない。身体はショックから大きく呼吸しようとするが、この反応に打ち勝たなくてはならない。1～3分でショックは低減し、意識を失うまでに15～45分がある。冷静でいよう。

**2：**方向感覚を取り戻し、落下したところに戻ろう。落ちた箇所の氷は十分にしっかりとしていたはずであり、這い上がることが可能だ。

**3：**氷上に直接上がろうとしない。できるだけ水平になり、水中でキックをして、ヒジを使って氷上へと這い上がる。氷上に上がるまで、キックと腕の動きは止めない。

**4：**氷上に上がったら、寝転んだまま回転して安全なところまで移動する。立ち上がってはならない。横になることで、さらに氷が割れることを防ぐ。すぐに暖かくて乾いた場所を探そう。

**5：**もし氷上に上がることができなければ、熱とエネルギーを節約するため、手足をバタバタ動かしてはならない。両腕を氷に乗せて動かない。腕は凍るかもしれないが、仮に意識を失ったり、救急隊の到着が遅れたとしても、身体が水中に没することは避けられる。できるだけ身体を氷上に出そう。水は空気より25倍も早く身体から熱を奪っていく。

**6：**もし友人が落ちたら、消防や警察に電話して救助を要請する。危険な氷上を進んで、友人のところへ行こうとしてはいけない。２人の要救助者は１人の要救助者よりもたちが悪い。もし友人が自力で這い上がれないなら、腕が通せるように先端を輪にしたロープを投げる。あるいは枝やハシゴなどつかまれるものを差し出す。

**髭が氷上で凍り付き、水中に沈むのを防いでくれている。**

# 6.クマを撃退する

クマに襲われることは滅多にないが、山でキャンプしたり、ハイキングするときは常にクマの襲撃を想定する。対処手段はどのクマと遭遇したかによって異なる。

**グリズリー**——
- 体長2メートル
- 体重180～360キロ
- ヨーロッパ、アジア、カナダ、アメリカ太平洋岸北西部に生息

## クマ撃退スプレーを必ず携行する。

**準備する**

**1：**クマ撃退スプレーを常に携帯する。

**2：**クマが周辺にいる可能性があれば、歌を歌う、独り言を言うなどして、音を立てる。

**3：**登山道に食べ物を残してはならない。自然に還るゴミであってもすべて持ち帰る。

**グリズリーに遭遇したら**

ゆっくり立ち去る。走ってはいけない。クマが7～8メートル以内に来たら、クマ撃退スプレーを構える。できるだけクマを脅かさないよう身体を小さくして視線を合わせない。

**グリズリーに攻撃されたら**

走らない。地面にうつ伏せになり、頭部と腹部を守る。幸運にもクマが立ち去ったら、10～20分してから起き上がる。

**アメリカグマ——**

●体長1.5メートル

●体重45～136キロ

●アメリカではブラックベアと呼ばれているが、茶色であることも多い。北アメリカと東アジアでは一般的なクマである。

## 繰り返す。クマ撃退スプレーを常に持ち歩く。

**準備する**

**1：**クマ撃退スプレーを常に持ち歩く。

**2：**クマが周辺にいる可能性があれば、歌を歌う、独り言を言うなどして音を立てる。

**3：**登山道に食べ物を残してはならない。自然に還るゴミであってもすべて持ち帰る。

**4：**リュックサックに鈴を取り付けよう。

**アメリカグマに遭遇したら**

走ってはならない。地に足をしっかりつけて立ち上がり、できるだけ身体を大きく見せる。怒鳴る、手を動かす、騒音を立てる。木に登ろうとしない。

**アメリカグマに攻撃されたら**

反撃しよう。鼻などクマの敏感な場所を狙う。石や棒があったらそれを使う。最初に逃げるのはクマだ。

# 7.松明を作る

サバイバルのために森を進むとき、あるいは古代寺院の洞窟に埋れた財宝を探すとき、松明（たいまつ）が必要になる。松明を作るのに必要なのはいくつかのありふれたものだ。

**1：**生木の枝を探そう。長さは60センチ、太さは10センチくらいがいい。できるだけ新しい枝を選ぼう。持ち手に火が回るのを避けるためだ。

**2：**もし人工燃料を使うのであれば、コットンの布を幅30センチ、長さ60～90センチに切る。もし長い時間燃える松明を作りたいのであれば、布は多い方がいい。天然の燃料としては松脂（まつやに）や樹皮がある。人工的な燃料としては灯油、ガソリン、ライターオイルがある。もし天然の燃料を使うのであれば布は忘れて、棒の先に樹皮を巻いたり、松脂をつけよう。そしてステップ6まで読み飛ばしてほしい。

**3：**棒の先に布を巻き、膨らみができるようにする。

**4：**布の先端を折り込み固定する。

**5：**点火の前に布を数分間、燃料にひたす。乾いた布は焼け焦げてしまうので、十分に湿らそう。

**6：**点火！ もし天然燃料を使用しているのであれば、着火に30〜60秒かかるだろう。乾燥した天気や森林では周囲に燃え移らないよう十分に気をつける。松明は20〜50分間燃えるはずだ。

# 8.暴走車から飛び降りる

これは典型的なハリウッド映画のシナリオだ。悪者がブレーキに細工し、正義の味方が何も知らずに車に乗り込む。そしてひと騒動が起きる。実際には君が悪党の餌食になることはそうそうないだろうが、ブレーキが故障する可能性はある。もし減速できない暴走車に乗っているのであれば、脱出が最良の選択肢になる。

1：ドアを大きく開けて、飛び出すときに車に引っかからないようにしよう。

2：前方を見て、草っ原や畑など柔らかい着地地点を探す。岩場や標識のある場所は避ける。

3：固い舗装道路に戻る危険を減らすため、車の動きに対して直角に飛び出す。

**4：**ボールのように縮こまれ。頭を下げて、腕と足を胴体に密着させる。

**5：**できるだけ衝撃を分散するために、転がろう。

## 身体の重要部を守るため、肩から着地する。

**6：**後続の車に轢(ひ)かれないよう、道路から離れる。ケガの程度を確認し、救急隊を呼び、身体を確かめてもらう。

# 9.水没する車から脱出する

アメリカでは毎年１万件以上の自動車水没事故が発生する。FHWA（連邦高速道路局）によれば、アメリカにある橋のうち、約12パーセントが構造上の問題を抱えているという。走行中に橋が崩落するのは考えただけでも恐ろしいが、まぁ、そんなことは起きないだろう。しかし橋の崩落だけが、水没した車の中に取り残される原因とは限らない。多くのドライバーはカーブを曲がりきれずにガードレールを突き破って、水中に転落するのだ。

**1：**落ち着け。車は沈むまでに平均して30〜120秒浮いている。脱出する時間は十分にある。

**2：**ドアを開けるな。ドアを開けて脱出できる可能性はあるが、ドア下部から30センチ、水没しているだけで開けるのは困難だ。そしてドアを開けたら、車は瞬時に沈む。こうなったら同乗者が逃れるのは不可能だ。

**3：**4つのステップを覚えて欲しい。「シートベルト・子供・窓・脱出」。まずはシートベルトを外そう。シートベルトが外れないのなら切断する。

**4：**子供や同乗者がシートベルトを外したのを確認する。可能であればいちばん近い窓から脱出するよう促す。もしこれが不可能なら前席に子供を移動する。

**5：**窓から脱出する。窓が下がるか最初に確かめよう。窓が下がらなければ、備え付けの緊急脱出用ツールやヘッドレスト（座席の頭部クッション）のシャフトを使って窓を叩き割る。腕や足で窓を破るのはほぼ不可能だ。

**窓から出て安全なところへ泳いで行こう。**

# 10.橋から飛び込む

高いところから何があるかわからない水中に飛び込むことほど危険なことはない。プロのクリフダイバーはどの高さであっても、飛び込む前に水中を入念に調べる。これは当然のことで、6メートルからであっても身体は毎時40キロの速度で着水する。ふざけてこのようなことをしてはならない。究極の状況で橋から飛び降りなくてはならなくなったら、以下のポイントを遵守してほしい。

**1：**理想的には十分な水深があることが望ましい。水の色が最も濃いところを狙う以外に目視でヒントを得る方法はない。6メートルの高さから飛び込むには水の深さは少なくとも2.4メートルはほしい。3メートル高くなるにつれて、必要とされる水の深さは60センチずつ増えていく。一部のクリフダイバーは30メートル以上の高さから安全に水の中に入っていくが、すべてのダイブはケガや死亡の危険性がある。

**2：**木の根や岩のような水中の障害物がないところに着水する。

**3：**橋から大きく踏み出そう。ジャンプしてはならない。狙った場所とは違う場所に着水してしまうからだ。

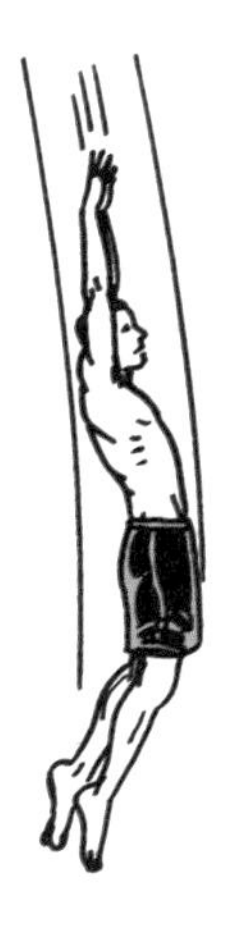

**4：**背中をやや反ることで前への回転を回避できる。腕は頭の上でまっすぐ伸ばし、身体を鉛筆のようにして飛び降りる。

**5：**着水したら、腕と足を広げ、沈下速度を低減する。

**6：**浮上して、陸に上がる場所を探す。

**7：**水流に対して90度で泳ぐことで下流に流されるおそれがなくなる。

**鉛筆ダイブすることで着水面を最小化し、身体への衝撃を減らせる。**

# 11.山野で水を探す

サバイバルのエキスパートには「3のルール」があるという。平均的な人は空気なしでも3分間生きることができる。劣悪な環境でもシェルターなしで3時間は生存できる。そして水なしで3日、食べ物なしで3週間生き延びることができる。もし息をすることができて、シェルターがあるなら、まずは水を探そう。エキスパートでなくても、近くに水を見つけられるはずだ。しかし、覚えておいてほしい。山野の水は沸騰させるか、細菌や不純物を除去する処理をしなければならない。

**1：** すぐに採取できる水を探すには、獣道を進むか、鳥が飛ぶ方向を探すのがいい。せせらぎの音を聞けるかもしれない。

**2：** 雨が降りそうならタープを張って雨水を採取し、容器に入れる。

**3：** 葉のまわりにビニール袋をかけ、植物の蒸散を利用することで、袋の底に水を集めることができる。

**4：**サボテンのような多肉植物や水分を多く含むやコケ類を絞って水を得る。

**5：**地面を掘って、穴の中央に容器を置き、蒸留器を作る。ビニールで穴をふさぎ、フチを密閉し、石を置くことで中央部が下がるようにする。地面の水分を集め、ビニールを伝って容器に水が入るのを待つ。

**6：**低地、砂浜、枯れ川や小川のそばに穴を掘って地下水を探す。

**容器にチューブを差し、ビニールを外すことなく、水を飲めるようにしよう。**

# 12.飛行機を着陸させる

パイロットはコックピット内の多数のスイッチ類の操作を長い時間をかけて学ぶ。オートパイロットは飛行時間の多くをひどく退屈なものにしているが、着陸に際しては人の手をまだ必要としている。もし次のフライトで、パイロットが役目を果たせなくなったら、操縦のバトンを受け取れるかどうかは君次第だ。

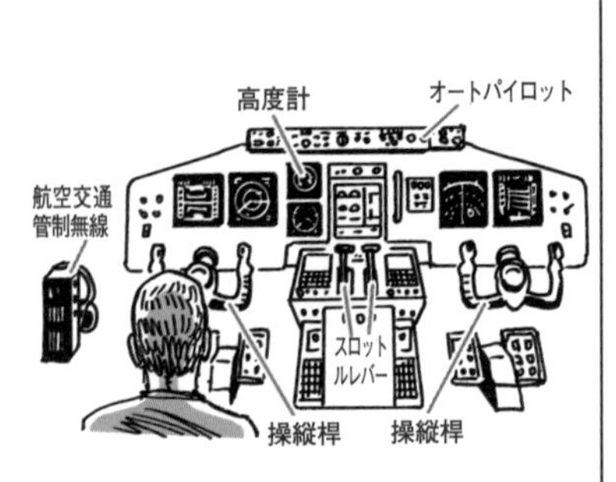


**1**：主要な制御装置と計器を確認しよう。スロットルレバーを引くことで飛行機は減速し、スロットルレバーを押すことで加速する。操縦桿を引けば上昇し、押せば降下する。

**2**：飛行姿勢を安定させよう。もしオートパイロットが作動しているのであれば、そのままにする。もし飛行機が旋回、上昇、降下していれば、操縦桿とスロットルレバーを操作して、水平飛行に移行し、安定した速度（500ノット以下）で飛行できるようにする。

**3：**操縦桿の左にある無線を使ってATC（航空交通管制官）を呼び出し、「メイデイ」と言おう。便名を明らかにし、状況を説明する。

**4：**ATCの指示に従って、速度、針路、高度を調整し、最も近いところにある滑走路に機首を向ける。ファイナルアプローチに入ったら、車輪を下ろす。

**5：**着陸直前にスロットルを引いて減速し、操縦桿を引いて機首を上げる。

**6：**足下のブレーキペダルを踏み、車輪ブレーキを使用して停止する。

# 13.飛行機事故から生還する

私たちは飛行機事故を大惨事ととらえ、生存することは無理だとあきらめている。幸いなことにこれは事実ではない。NTSB（国家運輸安全委員会）は事故の生存率を95.7パーセントとしている。NTSBとFAA（連邦航空局）が明らかにした興味深い情報もある。航空機事故で命を失った乗客のうち、40パーセントは適切な行動をとっていれば、死をまぬがれたという。飛行機事故に遭遇する可能性は低いものの、ゼロではない。以下は事故現場から生還するための手引きである。

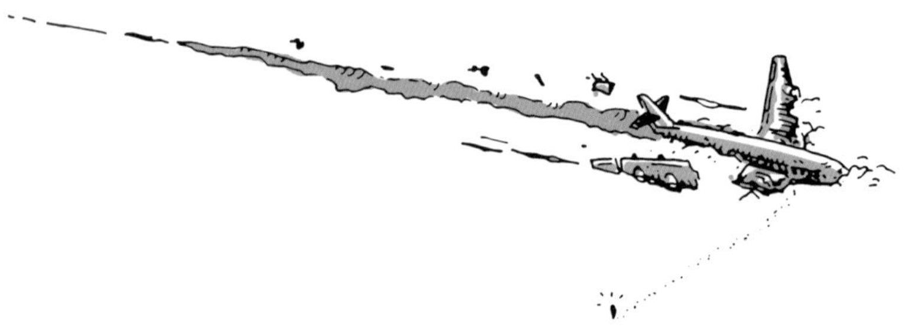

**90秒以内に逃げろ——**

もし不時着を生き延びたなら、生きて機外に出られる確率は高い。しかし脱出可能な時間は90秒しかない。飛行機事故の犠牲者の多くは衝撃で命を落としたのではなく、その後に機体を包んだ火炎によって死亡したのである。機内で火災が発生し、すべてを焼き尽くすまでの時間は平均してわずか90秒である。もし恐ろしいと感じるなら、君の感覚は正しい。すぐに脱出せよ！

## 5列のルール——

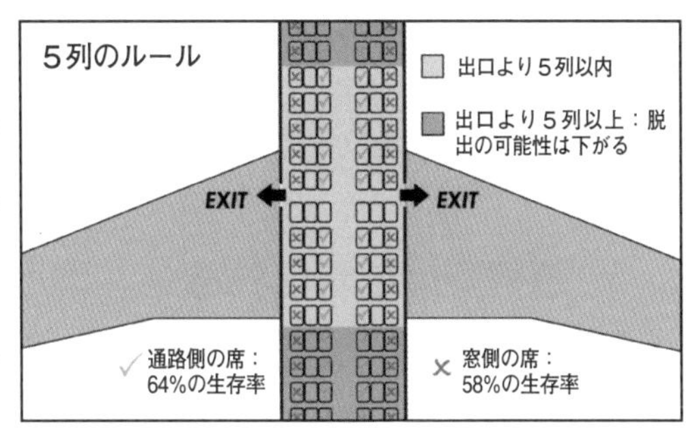


機体の前部がより安全なのか、後部が安全なのかは統計上はっきりとしていない。

航空機事故の状況はすべて異なるが、出口の近くの座席に座ることが重要だ。生存者が脱出に際して、移動に要した距離は平均にして5列である。出口のある列の座席がいちばんいい座席だ。もし出口の座席をとることができないなら、通路側の座席を選ぼう。通路側の座席に座っていれば窓側の席よりも生存率を6パーセント上げることができる。

## アクションプランの策定——

災厄に遭遇すると、私たちの脳はゆっくり反応する。想像しなかったことの発生に対して瞬時に反応するのではなく、私たちの脳は肩をすくめ、「いま起きていることはそんなに悪いことではない」と考える。これを正常性バイアスという。大惨事は日常的ではないからだ。

正常性バイアスを克服するために、着席したら、すぐに災害時の行動プランを練ろう。安全のしおりを読む。近くの非常口がどこにあるかを確認し、そこまで何列あるかを数える。君の近くに座る乗客の大きさを見定め、非常口までの障害物を探す。もし子供やほかの大人と旅しているのなら、事故が発生したら、誰が誰に対して責任を負うかを話し合う。飛行機が停止したら、すぐに行動に移れるよう、頭の中でリハーサルを行なう。

**プラス３／マイナス８のルール――**

80パーセント近くの事故は離陸後の３分間か、着陸前の８分間に発生している。

**被害妄想に駆られる必要はない。ただ注意深くしていればいい。**

**酸素マスクが降りてきたら、すぐに装着する――**

ほかの人の装着を手助けするのではなく、まずは自分のマスクを装着しよう。君が君自身の脳に酸素を供給しなければ、君の存在は無意味だ。

**頭を下げて――**

ボールのように身体を曲げれば、生き残れるという話は眉唾ものだと思うかもしれないが、頭を下げる姿勢は有効である。頭を下げることで、君の頭が前席へ衝突する際の速度を下げることが可能になり、また手足の動きも最小化される。

シートベルトはしっかりと締めておくこと。低く、そしてきつく。シートベルトは1.3トンの張力に耐えられるように作られており、この数値は君が気絶する値の３倍だ。

# 14.携帯電話を活用する

携帯電話は最も有効なサバイバルツールである。通話圏内にあり、バッテリーが十分に残っていればの話だが。通話ができなくなれば、ただの石ころと変わらないように思うかもしれないが、それは中を開けるまでの話である。携帯電話の中をこじ開ければ、そこには命を救うツールが詰まっている。

**1：**針金やスチールウールを使って、バッテリーの端子を短路させてみよう。このテクニックを使えば、火を起こすに十分な熱や火花を得ることができる。

**2：**携帯電話の画面の裏側にミラーがある（訳注：古い液晶ディスプレイの内部には反射板という金属の板があった）。救助隊への信号や反射した太陽光を可燃物に当てて火を起こそう。

**3：**スピーカーには磁石が通常入っており、針があれば、コンパスを作れる。針を磁石にあて、同じ方向に数回こする。静かな水溜りに浮いている葉の上に乗せる。針は南北に向くはずだ。

**4：**基板は岩でこすってナイフ、矢じり、釣り用のルアーに再利用できる。

# 15.カヌーを漕ぐ

カヌーを漕ぐのはオレンジの皮をむくように簡単なことに思えるかもしれないが、わずかな動作の違いが、効率的な漕ぎ方とそうでない漕ぎ方を分ける。水しぶきを上げ、水面をジグザグに進むのは初心者だ。大人の男らしくカヌーを漕ごう。落ち着き払い、自信を持ってすばやく次への冒険に進もう。

**1：**水かきの上30センチのところを右手で握り、左手はパドルの上を持つ。

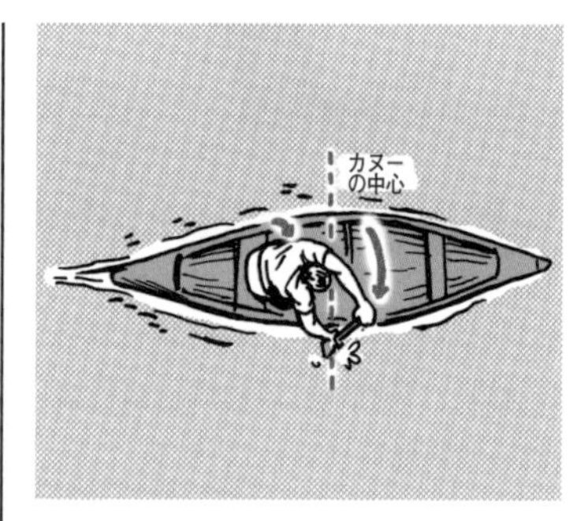


**2：**前かがみになり、身体をやや曲げて、カヌーの中心でパドルを水に入れる。

**左舷で漕ぐ場合には**
**左右それぞれ逆のところを握る。**

**3：**パドルは垂直に水の中へ入れ、水かきはカヌーに対して直角にする。パドルはハル（艇体）の形状と合わせながら、深く入れる。

**4：**腕だけで引くのではなく、肩と胴を使って、パドルを引く。

**5：**ひと漕ぎの中間で、グリップハンド（左手）を使って、ゆっくりと水かきの向きをカヌーと並行にする。パドルは君の後ろにある。

**6：**大きな水しぶきを上げることなく、パドルを水中から出す。再び前かがみになって同じ動作を繰り返す。水かきは水面から離さず、無駄な動きをしない。

# 16.イカダを作る

ハックルベリー・フィンはイカダで曲がりくねったミシシッピ川を下り、探検家のトール・ヘイエルダールはコンチキ号で太平洋を横断した。

竹、バルサ、松、オークのような軽い木材を使ってイカダを作ろう。しっかりと縛り、航行中に丸太がゆるまないようにする。

**1**：2メートルから3メートルの長さで、直径25センチ以上の丸太を6本から8本集める。ほかに直径15センチ以上、長さ3メートルの丸太を4本用意する。

**2**：丸太を浅瀬に集め、太い丸太を並べてイカダの本体を作る。

**イカダの組み立てを水上で行なうことで丸太の移動が簡単にできるようになる。**

**3：**太い丸太を細い２本の丸太で挟み、ロープかしっかりとした植物の蔓（ツル）で結んで、太い丸太が動かないようにする。

**4：**細い丸太で本体を挟み、太い丸太の固定を続ける。

**5：**反対側でも同じ作業を行ない、イカダを固定する。

**6：**長い枝を櫂（オール）の代わりにする。

# 17.竜巻から身を守る

竜巻（トルネード）は雷雨がなくても、また警報が出ていなくても、いつ発生してもおかしくない。竜巻の多くは午後に発生し、その予兆もある。

●エンドウ豆のスープのような緑色の空、そして低く暗い雲。
●雲の下で空気が長時間回転する。
●雲の下で埃が舞う――竜巻は上に登っていかないことも多い！
●無風、もしくは急に大きく風向きが変わった後の雹（ひょう）もしくは強い雨。
●数秒で消える雷鳴とは異なり、大きく継続する轟音。
●雷雨の下で小さな火花が散る。強風によって切断された電線から発生した閃光だ。

**避難せよ――**

もし竜巻警報が出ていたり、前記のような兆候があったら、ただちに避難する。竜巻でいちばん危険なのは飛翔物である。木材、レンガ、枝、すべてが命を狙うミサイルとなる。

**これが避難方法だ――**

**1**：自宅に専用の避難室がなければ、地下室もしくはトイレ、廊下、クローゼットなど階下の窓のない場所に避難しよう。壁の数は多ければ多いほどいい。ピアノや冷蔵庫などの重量物が2

階にあるなら、天井を突き破って落ちてくる可能性があるので、真下にいてはならない。マットレスや毛布で身を包むか、しっかりとしたテーブルや作業台の下へ行く。窓は閉めておく。

**2：**トレーラーハウスにいるのであれば、逃げろ。トレーラーハウスにいた人が死亡する確率はそれ以外のところにいた人の15倍だ。

**3：**店舗やオフィスにいるなら、内側の部屋か1階のトイレに逃げ込む。できるだけ窓から離れ、手で頭部を守り、しゃがみ込む。避難場所は内階段もいいだろう。エレベーターを使ってはならない。

**4：**ショッピングモール、大型店、劇場やジムなど梁（はり）が長い建物も竜巻の時は危険な場所になる。屋根が壁だけで支えられているかもしれないからだ。窓のないトイレや、階下の倉庫を探そう。ドアのフレームや劇場の椅子などしっかりした構造物の下でしゃがみ込むのもいい。

**5：**路上にいるなら、車の中に残るのは最も危険な行為の1つだ。ビルの中に逃げ込むなり、排水溝の中に入るなりしよう。高速道路や橋の下などは風速が増すので危険だ。

**6：**屋外にいて近くにシェルターがない場合、排水溝など、低い場所に寝転び、手を使って頭部を守る。樹木など飛んでくるもののないところを選ぶ。

# 18.消防士のように人を運ぶ

人を運ぶのは難しく、反応のない人を運ぶのはさらに困難だ。重い頭部、だらりと伸びた腕や足、非対称の重量配分が、どんな力持ちでも、人を運ぶことを困難にする。もし誰かを持ち上げて、安全な場所へ搬送しなければならないなら、プロのやり方を実践しよう。

**1：**片膝をついて、要救助者の脇の下にしっかり手を入れ、要救助者を手前に引き寄せる。

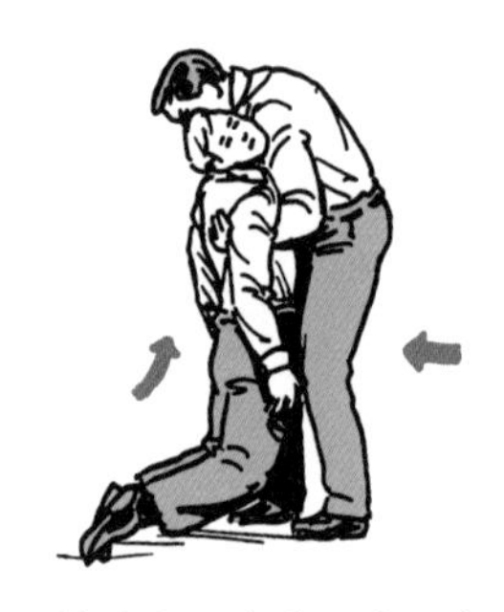

**2：**要救助者を自分の方に向けて立ち上がらせる。背筋ではなく、足の筋肉を使って持ち上げる。

**3：**要救助者の手首をつかんで持ち上げ、腕を頭の上を通して、首に巻くようにする。

**4：**ヒザを曲げ、自由の効く片手を要救助者の足の間に入れて上半身を肩と背中に乗せる。

**5：**要救助者の手首を足の間に入れた手でつかみ、安全な場所へ搬送する。

# 19.ロウソクを自作する

電気が来なくなり照明がなくなったら、ロウソクを手作りする。必要なのは燃料と芯だけだ。

**「備えよ、常に！」ボーイスカウトのモットー**

天然繊維の多くはロウソクの芯になる。同様に、ほぼすべての油や脂肪は燃料となる。芯を燃料に入れ、芯の先端を燃料の上に出すことで、着火を可能にする。上部に出ている芯は一度燃料にひたす。燃料が上昇し、芯にしみ込むのを容易にするためだ。

# 第2章 紳士を目指す

礼儀は勇気と同じくらい紳士に必要なことだ。
セオドア・ルーズベルト（第26代合衆国大統領）

古代ギリシャ人は紳士のことを「カロスカガトス」と呼び、整った身だしなみ、知的な会話、温厚な性格、力強さ、そして、勇敢であることを紳士の必須条件とした。

今日、紳士は身だしなみと行動に気を使う。自惚（うぬぼ）れのために容姿を磨くのではなく、他者を尊重するからこそ紳士は上品になろうとする。

紳士はその場の雰囲気を良くし、味わい深いものにする。

紳士は礼儀正しく、触れ合う人の気分を高揚させる。

紳士であることは、洗練された姿の下に力強さを秘めることでもある。

紳士が尊敬を集めるのは慎み深いからだ。野蛮人のような行動が許されても、紳士は仲間と上品な振る舞いをすることを選び、礼儀作法の不思議な力を実践する。

ジョン・ウェインは、西部劇映画『マクリントック』で「紳士になるには、まず男にならなければならない」と語っている。

# 20.ウィンザーノットでネクタイを結ぶ

仕事で重要な会議に出席しようとしている。スーツは身体に合い、靴は磨かれ、シャツにはアイロンがかかっている。ネクタイの結び方はどうしようか？　好意的な第一印象を与えることは重要だが、派手であってはならず、その一方で、力強さ、自信、権威が伝わるようにしなければならない。答えは簡単だ。ウィンザーである（ダブルウィンザーとも呼ばれる）。

**1：**ネクタイを首にかける。ネクタイの大剣を、小剣に重ね、次に大剣を小剣と襟のあいだのループに通す。

**2：**ループを通したら、大剣を前に引き出す。

この結び方は結婚式、重要な会議、大統領選の討論など、フォーマルな行事や会議で使われる。結び目が大きいので、襟はスプレッドカラーがいいだろう。顔の大きな人や太い首の人は、ウィンザーノットが体格と顔に合い、間違いのない結び方になる。

**3**：大剣を小剣の裏に通し、右側に持ってくる。再び大剣をループのあいだに通す。

**4**：大剣を三角形にあて、右から左へと引っ張る。

**5**：再び、大剣をループに通し、その後、結び目の中を通す。

**6**：結び目をきつくし、手を使って結び目が中心にくるようにする。

# 21.蝶ネクタイを結ぶ

蝶ネクタイを首の周りに巻き、左側（A）を右側（B）より少し長くする。AがBの上にくるようにする。

**1：** Aを持ち上げ、首と蝶ネクタイのあいだを通す。

**2：** Bのいちばん幅のある部分を水平に折る。蝶ネクタイの形になっているはずだ。

**3：** 折ったBの上にAを垂らす。そしてBでAを挟む。

**4：** 難しいのはここだ。Aを折って、Bと首の間にあるループに通していく。AはBの裏側で平行になる。

**5：** AとBを注意深く引いて、結び目をきつくしよう。必要に応じて蝶ネクタイをまっすぐにする。

# 22.ハンカチを持つ

ハンカチは役に立つ。女性はティッシュなどが入ったポーチを持ち歩くが、多くの男性は小物入れを持ち歩かない。しかし、鼻水は女性と同じくらい出てくる。ハンカチがあれば、ティッシュをせがむ必要もないし、袖で拭くこともない。テラスでミントジュレップを飲んでいるときも額を拭くことができる。

しかし、ハンカチを身につけるいちばん重要な理由は君とは関係ない。ハンカチはほかの人に貸す格好のアイテムだ。恋人と泣ける映画に行くとき、奥さんと葬式に行くとき、ポケットにハンカチを入れて行こう。柔らかいハンカチをそっと差し出すのは思いやりのある親切な行為だ。

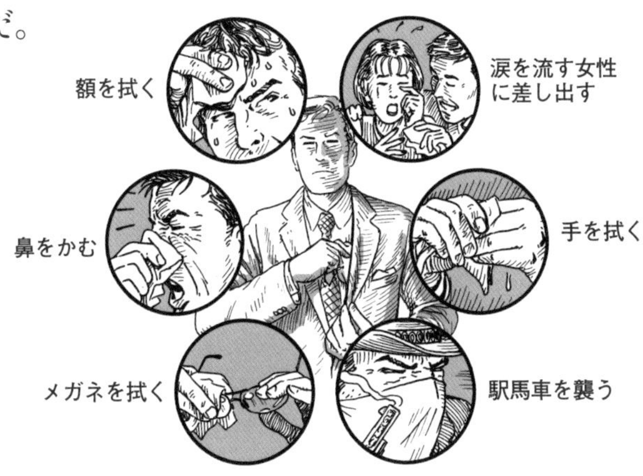

# 23.マフラーを結ぶ

冬の風が身にこたえるようになったとき、マフラーは暖かく、重要なものになる。これからおすすめするスタイルを身につければ、君は街でも颯爽とした男の１人になるだろう。最初の３つの方法は、中くらいの長さのマフラーを使用した場合で、０～10度の気温に向いている。残り２つの結び方は長いマフラーを使用し、氷点下になるような日に適している。

ドレイプ
単純にマフラーを首にかけよう。両側の長さは同じに。

ワンスアラウンド（１周巻き）
マフラーを首に巻き、右側が短くなるようにする。左側を首に巻き、前に垂らす。

## パリジャン巻き（ワンループ巻き）

マフラーを２つ折りにし、首に巻く。両端をループに通し、きつく締める。

## オーバーハンド

マフラーを首にかけ、右側が短くなるようにする。左側を前に出し、首と右側の間のループに通して、前に垂らす。

## リバースドレイプ

マフラーを首に巻き（両端の長さは同じにする）、右端を左肩にのせて肩の後ろに垂らす。左端は右肩にのせる。

# 24.身体に合わせたスーツ

スーツを着なければならない仕事は減っているものの、多くの職業ではいまだにスーツの着用が習慣となっている。ビシッと決めるにあたりスーツの着こなしは間違いのないようにしておきたい。スーツを平日に着ようと、特別な行事のために埃を払おうと、スーツは身体に合ったものでなくてはならない。

**肩**

肩の線は滑らかでなくてはならない。短すぎたり、長すぎるとシワが寄る。

**尻**

ズボンは尻をカバーしなければならない。生地が多すぎると、ズボンはまるで大きな波のようになり、膨らみができる。

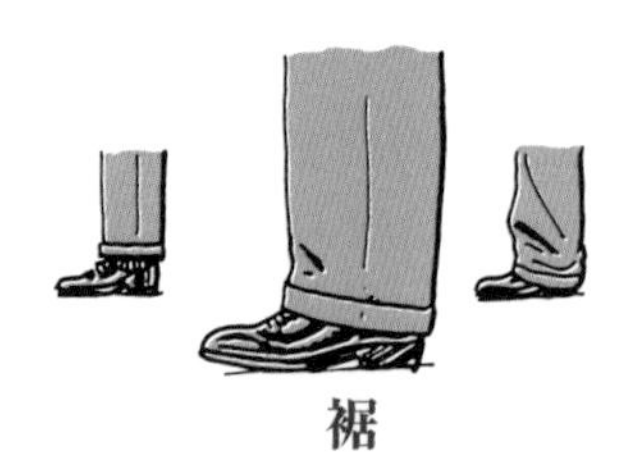

**裾**

裾は靴にかかるようにし、わずかなシワは前側にのみ発生する。

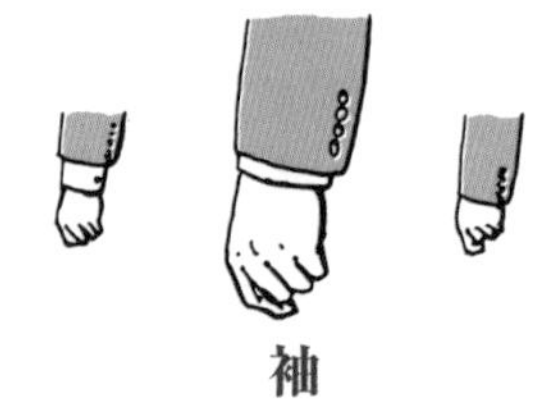

**袖**

袖からはシャツが１センチ見えるようにする。

身体に合っていないスーツは見栄えが悪いだけでなく、快適さをも失う。短い袖や引きずるような裾、大きすぎるスーツから小さすぎるスーツまで、妥協してはならない。身体にぴったりフィットするように、直してもらおう。

**ジャケットの長さ**

袖は腕を伸ばしたとき、手のひらの真ん中に来るくらいがいい。

**腕**

腕をリラックスしたとき、袖はスムーズで、よれたり、膨らみができたりしない。

**襟**

首から背中へスムーズな流れになるような首回りにしなければならない。首回りが大きすぎると、スーツは後ろに引っ張られる。小さすぎてもだめだ。膨らみができる。

**身体に合わないスーツは**
**見苦しいだけでなく、不快である。**

# 25.ネクタイとシャツを合わせる

マッチしていないネクタイほどアンサンブルを壊すものはない。以下のガイドラインを覚えておこう。

同系色

コントラスト

**1：初心者**……単色のシャツには単色のネクタイを使ってみよう。空色のシャツにネイビーのネクタイなど、濃淡の異なる同系色を使う。あるいはピンクのシャツにネイビーのネクタイなどコントラストとなる色も悪くない。もし迷ったら、単色のネクタイを定番の白のワイシャツに合わせてみよう。

---

ストライプのネクタイと無地のシャツ

無地のネクタイとストライプのシャツ

**2：中級者**……ストライプのネクタイを無地のシャツ、あるいはその反対で合わせる。同一色にするか色の合った組み合わせにするのがポイント。

---

柄物のネクタイとチェックのシャツ

**3：上級者**……柄の入ったネクタイを柄の入ったシャツに合わせる。ルールは以下のとおり。1）まず模様は違ったものにする。ストライプのネクタイとチェックのシャツなどがおすすめだ。2）模様の大きさは違ったものでなくてはならない。小さな水玉のネクタイを細かなチェック柄のシャツと合わせてはならない。3）ネクタイとワイシャツの色は同系色か、マッチする色にする。

# 26.スーツと靴を合わせる

ワイシャツとネクタイを合わせたら、靴とスーツも合わせなくはならない。難しいことではないが、ベルトも靴と同じ色にしなければならないことを覚えておこう。

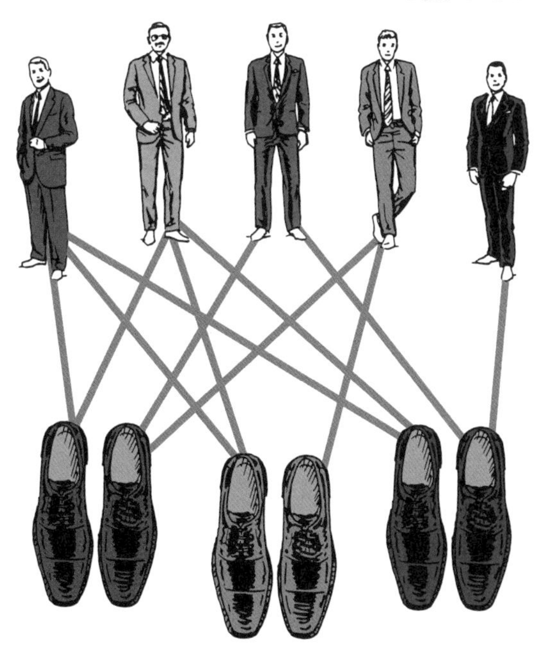

**1：**ネイビーのスーツ＋暗いワインレッド、ブラウン、ブラックの靴

**2：**薄いグレーのスーツ＋暗いワインレッド、ブラウン、ブラックの靴

**3：**濃いグレーのスーツ＋暗いワインレッドか、ブラックの靴

**4：**茶色のスーツ＋暗いワインレッドか、ブラウンの靴

**5：**黒のスーツ＋ブラックの靴

# 27.ワイシャツにアイロンをかける

成長していく過程では、お母さんが必要なたびにワイシャツにアイロンをかけてくれたかもしれない。しかし、強い第一印象を与えるために、大人の男は誰かを頼ってはいけない。シワの入ったシャツはだらしなく見え、覇気（はき）のない印象を与えてしまう。プレスの効いた洋

1：湿り気のあるワイシャツのほうが乾いたシャツよりも、アイロンがけしやすい。完全に乾き切る前に乾燥機から取り出すか、霧吹きでワイシャツを湿らす。ワイシャツのタグを確認して、アイロンの温度を調節する。

2：取り外せるのなら、カラーキーパーを取り外す。襟の裏側からアイロンをかけ、ゆっくりとアイロンを動かす。シャツをひっくり返して、同じことを表側からも行なう。

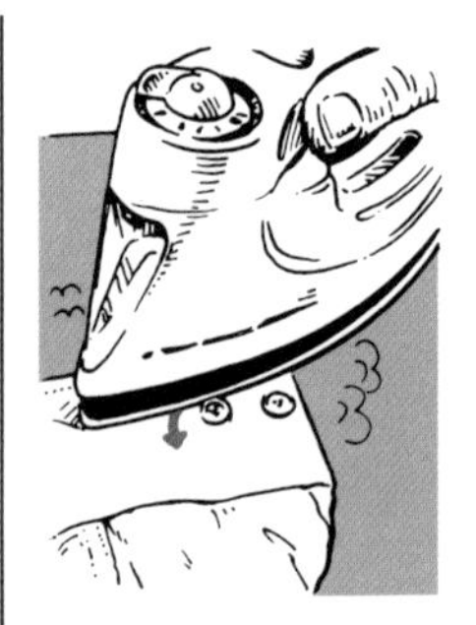

3：カフスをアイロンする。ボタンを外し、平にする。内側から始め、外側へと移り、シワを外側へ寄せる。ボタンの周りにアイロンをかける。ボタンの上からではない。

服は君が物事の準備を整え、規律正しくしっかりとした生活を送り、細部を重要視する印象を与える。アイロンがけはいたって簡単だ。ワイシャツをプレスするのに5分もかからない。

**4：**ワイシャツの前身頃をアイロンがけする。ボタンのある方から始め、ボタンの周辺にアイロンをかける。そして肩から下へと進む。反対側も同じようにする。

**5：**背中にアイロンをかけよう。ヨーク（肩の後ろ）から始め、ゆっくりと下へ移動する。プリーツ（ひだ）があれば、数秒かけて折り目の周りにアイロンをかける。

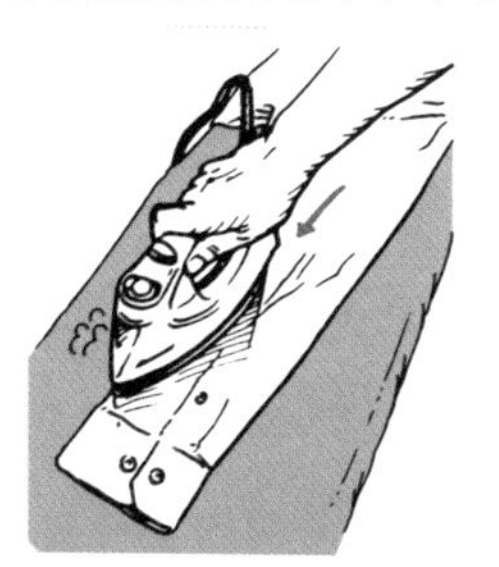

**6：**次は袖のプレスだ。縫い目を持ってアイロン台の上に袖を平らに置く。もし袖の上にアイロンの折り目が残っていたら、同じ線を残すようにする。

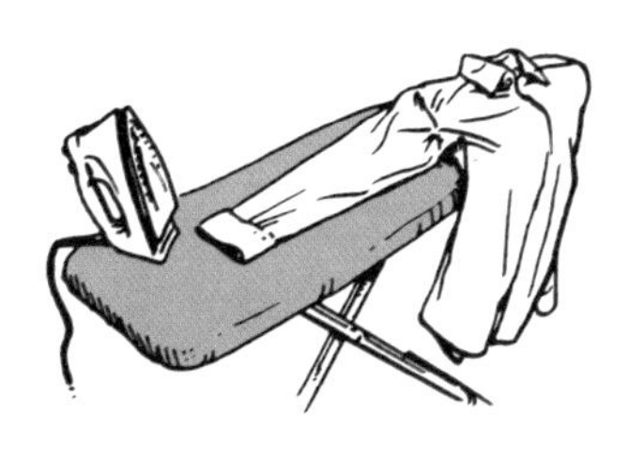

**7：**肩から始めてカフスへと進んでいく。袖をひっくり返して裏面にもアイロンをかける。終わったら、反対側の袖にも同じことをする。

# 28.腕まくり

シャツの種類やTPOに合わせて腕まくりのテクニックは異なる。

## いつ腕まくりをしたらいいのか？——

- 実用的に必要なときである。要するにじゃまになったとき、汚れるとき、機械に巻き込まれる恐れがあるときなど。
- 屋外で暑いとき。勤務先によって、腕まくりが許されるかどうかは変わってくるが、日差しが強い場合は許される。日焼けに注意。
- カジュアルな服装が許されるとき。フォーマルすぎたり、その場では改まりすぎた服装をしているとき。「楽にしていいよ」と言われたら、腕まくりが許されることのヒントと考えよう。

**スーツやスポーツジャケットを着用している場合、実用的な必要性がない限り、腕まくりはしない（このような場合は袖を引っ張り上げる）。スーツの袖のボタンが使えるなら腕まくりをしてもいいが、流行の先を行ってしまっている印象を与えるおそれがある。**

## ベーシックロール

●肉体労働をしているとき。
●メリット：簡単で直感的だろう。

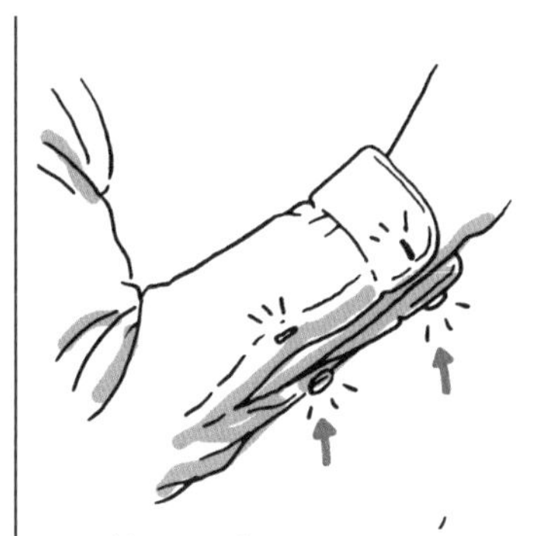

**1：**袖を上げるためにカフスボタンを外す。袖を上まで上げたいのなら、ガントレットボタンも外す。

**2：**袖口を裏返す。

**3：**袖口の幅を維持したまま、ヒジの下まで折り返していく。肉体労働をするときはさらに高いところまで折り返していく。

## カジュアルフォアアームロール

- カジュアルな服装で腕の細い人向け。
- メリット：折り返しが少ない。元に戻したときにシワが寄りにくい。

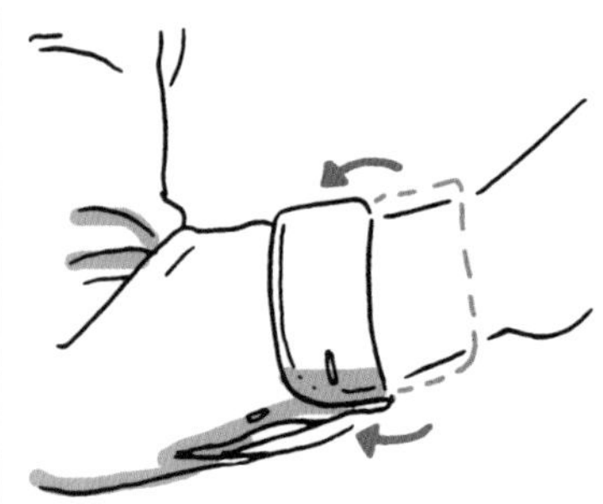

**1：**カフスボタンを外す。ガントレットボタンを外すかどうかは君次第。袖口を折り返し、内側が外に来るようにする。

**2：**もう一度折り返す。袖の生地で袖口を隠す。

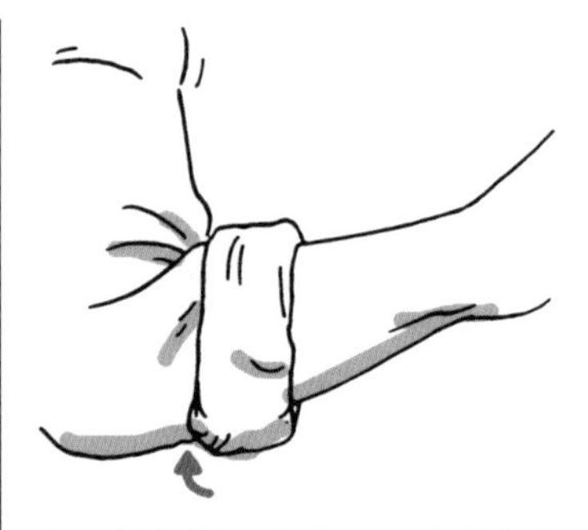

**3：**折り返しを止め、余分な生地を折り込む。

## マスター／イタリアンロール

●カッコよく袖を折り返す。袖口の色の異なるシャツならさらにいい。
●メリット：調節と元に戻すことが簡単。

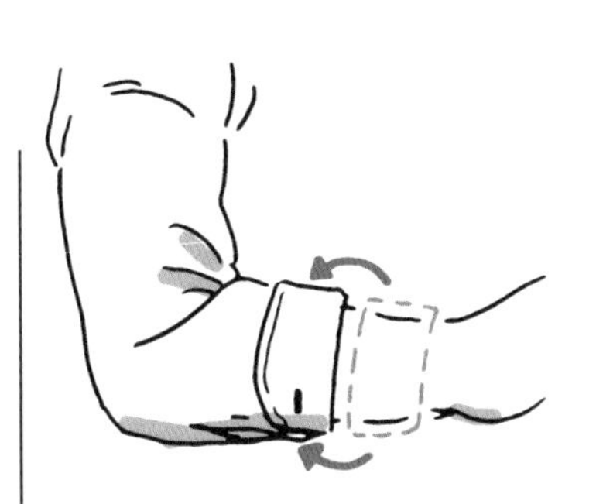

1：袖口のボタンは外すが、ガントレットボタンまで外すかどうかは君の好み次第。袖口を折り返す。

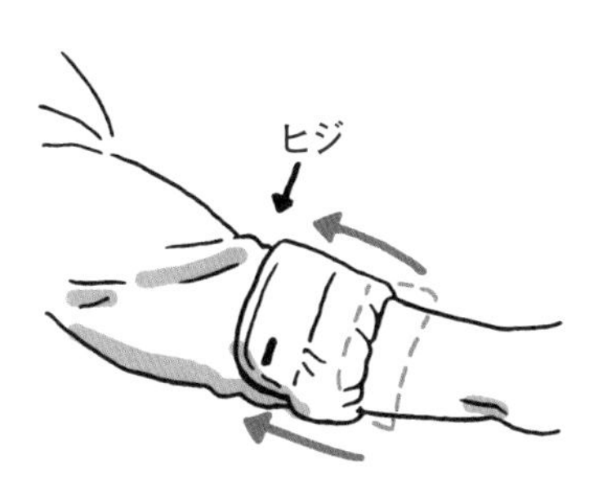


2：折り返した袖口を、内側を見せながら、ヒジの下まで折り返すことなく引っ張り上げる。

3：裏返した袖口を、引き上げた袖口の下まで折り返していく。好きなだけ袖の裏側を見せよう。

# 29.究極の靴磨き

結婚式であろうと、卒業式であろうと、あるいはいつものオフィスであろうと、輝く靴は細部にこだわる男として君を別格な存在にする。

靴磨きは、君を品格のある男にするだけでなく、靴やブーツを適切にケアするために必要なことだ。靴を磨くことで、革に水分が行き渡り、防水加工につながる。

**1：**土、泥、塩分をブラシか湿った布で取り除く。乾くまで待とう。

**2：**湿った布で少量の靴墨を取る。

## 靴磨きは見栄えをよくするための
## テクニックであるだけでなく、
## 靴を最適な状態に保つ
## 手入れの方法でもある。

**3：** 小さい円を描くようにしてクリームを靴に塗る。

**4：** 強くブラシをかける。

**5：** 鏡を曇らせるように、湿った息をとくに磨きたいところにかける。

# 30.靴を手入れする

定期的に靴を磨くことで、革靴を最高の状態を保つことができる。しかし、それだけでは不十分だ。愛用の靴とともに長い道のりを歩いていくために、以下の手入れのテクニックを日常に取り入れよう。

1：靴を買ったら、まず磨こう（前ページ）。使っているあいだは定期的に磨く。

2：靴を脱いだら、シダーウッドのシューキーパーを入れて、内部の湿気を吸収させ、革の形を整える。

3：塩のシミは2/3の水と1/3の酢の混合液を少量使用して、布を使ってすぐに処置する。余分な混合液はきれいな湿った布で拭き取る。タオルを使って靴を乾かそう。

4：（革の色が濃くなる可能性があるが）ミンクオイル、ワックスを使用した靴クリーム（軽度の保護）、もしくは専用の防水クリーム（強度の保護）を使って靴を防水加工する。

**5：**泥、シミ、余分な靴クリームの層を定期的に除去しよう。専用の革クリーナー、サドルソープ、マーフィーオイルソープやアイヴォリーの石鹸を使用する。漂白剤や酸性の物質が入っているものは避けよう。

**6：**靴が濡れてしまったら、靴に新聞紙や小さなタオルを入れて水分を吸い取る。新聞紙やタオルが十分に水分を吸収したら、新しいものに交換する。熱源体に近づけてはならない。靴が乾燥し、革にひびが入ってしまう。靴が干からびないよう、数か月おきに専用の保湿コンディショナーやワセリンを軽く塗る。

**7：**傷は非ジェル状の歯磨き粉を使い、磨いて取る。洗い、水分を拭き取り、乾燥させる。（注意：歯磨き粉の技はすべての靴で有効とは限らない。目立たないところに少量つけて、革靴に適合するか確かめる）

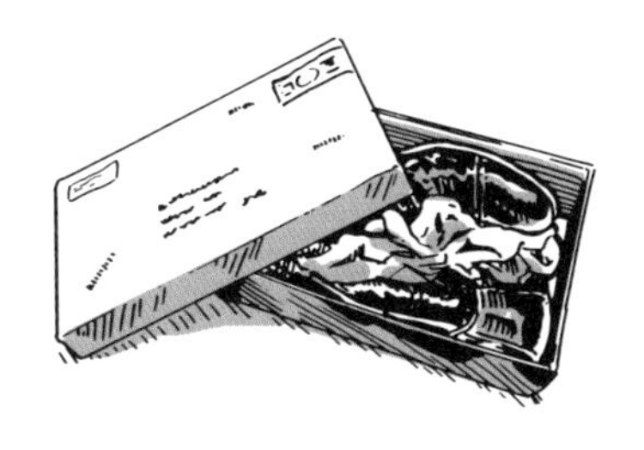

**8：**靴が磨耗したら、買い換えるのではなく、メーカーでリペアをしてもらうか、ソールを換えてもらおう。

# 31.ドップキットを用意する

旅する男はいくつかの必需品があれば十分だ。しかしこれらの品々を携行しなくてはならない。それらを収納するのがドップキット（旅行用ポーチ）だ。

大型店で５ドルも出せば旅行用のナイロンポーチを買うことができるだろう。機能面では十分だ。しかし上等なドップキットが欲しいのなら、革製のポーチがいちばんだ。値は張るが、革は永遠に使えて経年変化も素晴らしく、また手にするのが楽しくなる。上質のドップキットは息子や孫に譲りたくなるものだ。愛用のドップキットを手にして旅した懐かしい思い出とともに。

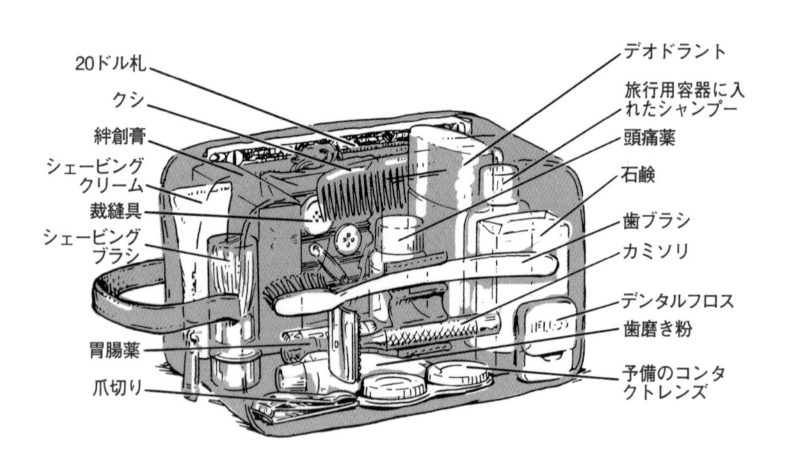

# 32.デートに持っていくもの

デートがうまくいくよう、自信やカリスマのような無形のものと、傘のような有形のものを忘れず用意する。

**1：ハンカチ**……今も昔もかわらず、清潔なハンカチがあれば、悲しい映画を観ているときに涙を拭き、ディナーでうっかり何かこぼしたときも拭き取ることができる。

**2：現金**……現金しか受け取らない店に行ってしまったときなど、予期せぬことが起きるかもしれない。恋人にデート代を任せてはならない。

**3：ミントタブレット**……香辛料入りの食事の後でも顔を近づけての会話やキスを楽しむために。

**4：傘**……デートに行く前に天気を確認し、雨が降りそうなら傘を持参する。

**5：ジャケット**……お洒落しようがカジュアルでいこうが、ジャケットはデートに不可欠のアイテムだ。寒空の下の散歩では恋人にそっとかけてあげよう。

# 33.安全カミソリで髭を剃る

取り扱いは簡単だが、ざらざらとした剃り跡を残す使い捨てカミソリや電気シェバーの台頭で髭剃りの方法を学ぶ儀式はすっかりすたれてしまった。

おじいちゃんにほめてもらえるようなすべすべの剃り跡を手に入れるために、両刃の安全カミソリに戻ろう。あるいはストレートレイザー（片刃カミソリ）に挑戦してもいい（78ページ）。

**1：**シャワーを浴びるか、ホットタオルを使って、髭をやわらかくする。

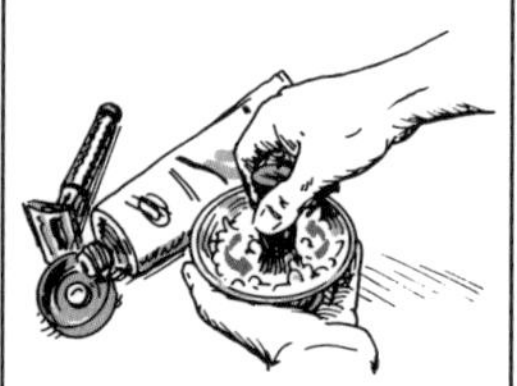

**2：**少量のシェービングクリームを小さなカップに入れ、ブラシを使って泡立てる。

**3：**ブラシを使ってシェービングクリームを顔に塗る。渦巻状に塗ることで、なめらかに均一に塗ることができる。

**4：**髭の向きにそってて少しずつカミソリを動かす。髭に逆らって剃らない。刃は45度の角度で、刃だけに圧力を加えよう。

**5：**顎髭に移ろう。ここでのポイントは除去ではなく、減らすことである。最初の1回ですべてを剃るのは難しい。髭を完璧に剃らなくてはならないなら、数回剃る。

**髭を剃るのに力を入れなくてはならなくなったら、刃を交換する。切れ味が鈍っているからだ。**

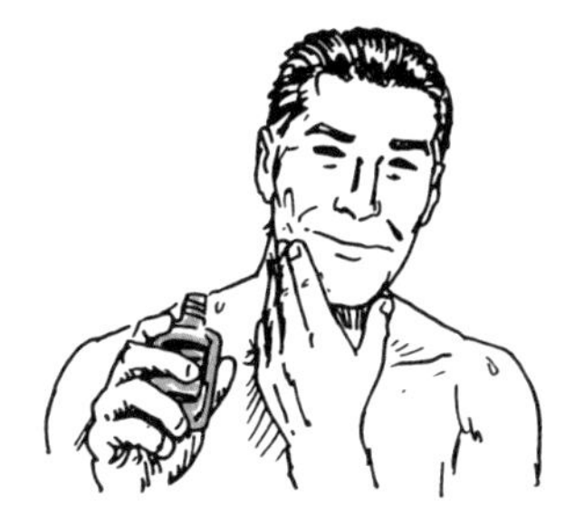

**6：**冷水で顔を洗い、毛穴を引き締める。好みのアフターシェーブを塗って皮膚を整え、刺激を抑える。

# 34.片刃カミソリで髭を剃る

片刃カミソリ（ストレートレイザー）を使って、横顔の無精髭を手際よく剃っていくほど、男らしいことはほかにない。ストレートレイザーは髭剃りにおいてはサムライの刀であり、見た目が美しいだけでなく、刺激を抑えてきれいに剃るには最も適した道具である。いまだに高級理髪店では大事なイベントや特別な外出を控えた紳士の髭を剃るのにストレートレイザーを使用する。ストレートレイザーを正しく扱えれば、かつて経験したことのない、人生でいちばんいい髭剃りを体験できる。

**1**：シャワーを浴びたり、ホットタオルを使って髭をやわらかくしよう。

**2**：少量のシェービングクリームを小さなカップに入れ、ブラシを使って泡立てる。

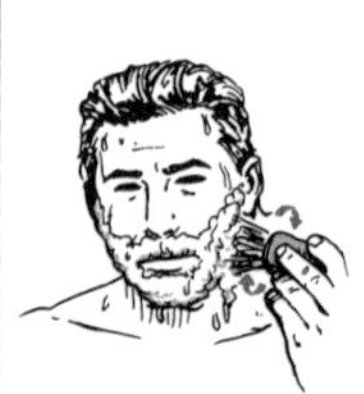

**3**：ブラシを使って髭にシェービングクリームを塗る。渦巻状に塗ることで、なめらかで均一に塗れる。

**4**：レイザーの根元に親指を添え、小指で柄（つか）を持つ。その他の3本の指は刃を後ろから支える。

**5：**30度の角度を維持したまま同じ力で少しずつ剃っていく。

**6：**もう一度シェービングクリームを塗って、同じところをもう２回剃る。

**7：**冷水で顔を洗い、毛穴を閉じる。好きなアフターシェーブを使って皮膚をなめらかにして刺激を抑える。

**カミソリは毎回乾かし、ピンと張った革砥で研いで、刃が鈍らないようにする。**

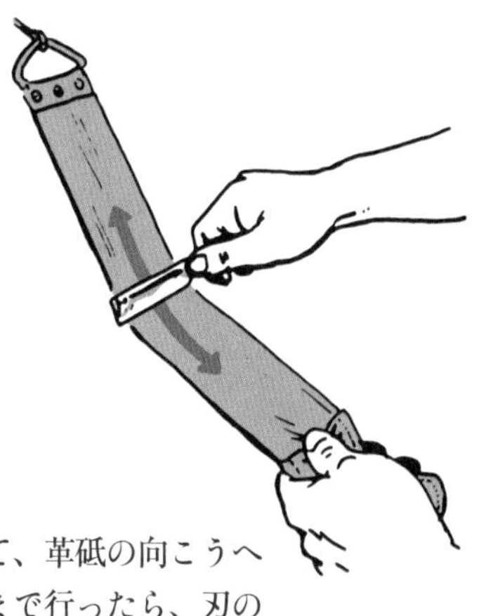

刃を自分に向けて、革砥の向こうへ研いでいく。先まで行ったら、刃の向きを変えて研ぎながら戻す。

# 35.口髭を整える

もし口髭を生やすことを決めたら、口髭を整え、世に出しても恥ずかしくないようにする責任がある。

**1：**口髭は毎週整えよう。まず乾いたままの口髭を目の細い口髭用の櫛を使ってとかす。髭が濡れていると、長く伸びているように見え、切りすぎることがあるから要注意。

**2：**口髭用のハサミか電動髭トリマーを使って、形を整えよう。まずは下辺からだ。中心から左右へと進んでいき、そしてまた中央へと戻る。まっすぐな線を描くには前を見て、自然な表情をしよう。

**3：**長さを整えよう。口髭をとかし、櫛の外に出た髭を切っていく。最初は控えめに切る。もし電動髭トリマーを使っているのなら、長いガイド櫛から短いガイド櫛へと移行する。さらに切ることは可能だが、一度切り落としてしまったものは、元へは戻らない。

**4：**最後にもう一度と髭をとかす。もし切り損ねた髭があったら、切り落とす。

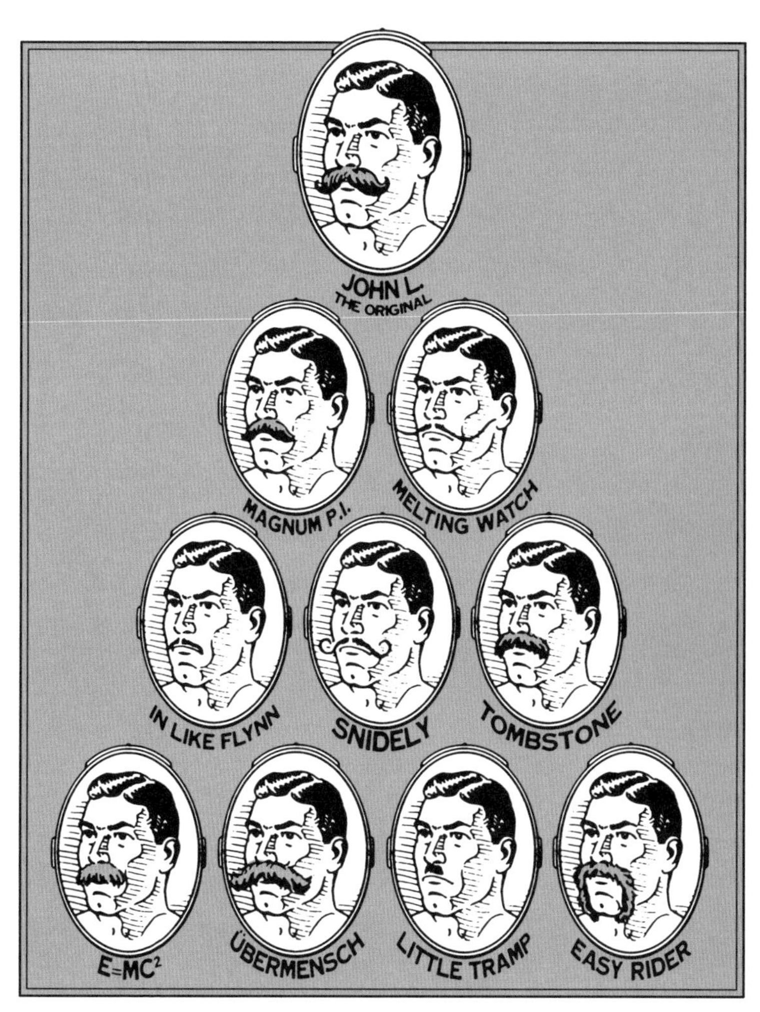


JOHN L：（アメリカ人ボクサー、ジョン・L・サリバンの口髭から）/MAGNUM P.I.：（テレビドラマ『私立探偵マグナム』に出演していたトム・セレックの口髭から)/MELTING WATCH：（同名の作品を描いたスペイン人画家サルバドール・ダリの口髭から）/IN LIKE FLYNN：（オーストラリア人俳優エロール・フリンの口髭から）/SNIDELY：（テレビアニメ『ダドリーの大冒険』に登場するスナイドリー・ウィップラッシュの口髭から）/TOMBSTONE:（同名の映画に出演していた俳優の口髭から）/E=MC$^2$：(アルベルト・アインシュタインの口髭から)/ ÜBERMENSCHE：（ドイツのスーパーマン）/LITTLE TRAMP：（チャールズ・チャプリンを題材にしたミュージカルから）/EASY RIDER：イージー・ライダー（同名の映画に出演していたルーク・アスキューの口髭から）

# 36.完璧な初デート

最初のデートはエキサイティングなものだが、恐ろしいものにもなりかねない。相手をよく知らないなら、何を着て、どこへ行き、何をするかの判断は難しい。最初のデートはうまくいかないこともあるということを覚えておいてほしい。１人の女性とつながりを作るのに必要なことはディナーの予約だけではない。少しばかりの計画で、不安を軽くし、最初のデートが成功する確率を高めることができる。次の決まり文句を信じよう。「相手を尊敬し、ありのままの自分でいよう。そして、楽しもう！」

**準備——**

- どこに行くか、何をするか決める。計画を立てることでイニシアチブと自信が生まれる。
- 車をきれいにして、現金も用意する。
- きちんとした格好をして行く。事前に服を洗濯し、用意を整えておく。

**迎えに行く——**

- 時間は守ろう。もし不測の事態が発生したら遅れることを伝える。
- 相手の姿を褒(ほ)めよう。
- 玄関から車までエスコートし、彼女のために車のドアを開ける。

**ドライブ——**

- 楽しい会話を心がける。自分のことを話すのではなく、彼女に質問しよう。
●音楽のボリュームを上げてはならない。もし音楽を聴きたいなら、オールドジャズのように自然で陽気なものがいい。

**デート——**
●映画はやめよう。話すこともできないし、お互いを知ることもできない。
●アクティブなことをしよう。軽めのハイキングや博物館に行けば、会話もはずむ。
●支払いはすべて君がする。

**見送り——**
●家のドアまで見送る。
●素晴らしい時間をすごしたことを伝え、デートに来てくれたお礼を言う。
●適切だと思うなら、キスかハグをしよう。部屋に招かれても、深入りしてはならない。紳士になろう。

**フォローアップ——**
●翌日に電話して、もう一度デートに来てくれたことのお礼を言おう。
●最初のデートがうまくいったら、次のデートに行きたいかしばらくしてから聞いてみる。

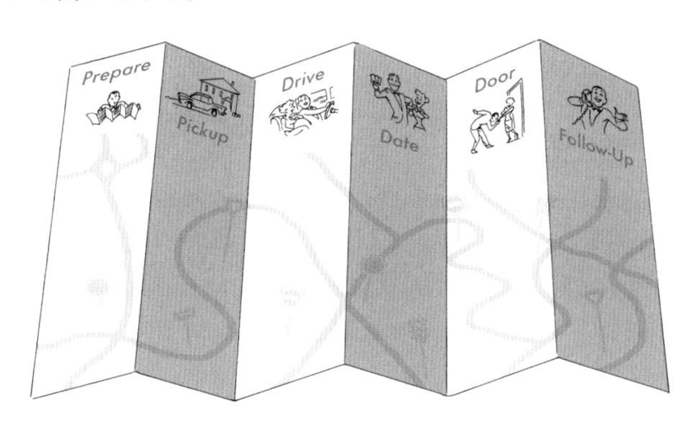

# 37.女性のためにドアを開ける

騎士道精神はいまも残っている。困っている人に手を差し伸べたり、優しい仕草や誠実な物言いなど、騎士道を実践する場は少なくない。

騎士道にのっとった最も一般的な行為は、女性のためにドアを開けること。ジェンダー平等論者はこのような習慣は捨て去るべきだと言う。しかし、適切なタイミングでドアを開けることは悪いことではない。平等の価値は認識しているが、男女の違いに根ざした騎士道的な習慣も大切にしたい。

**1：**ドアへ向かう女性にぶつかってはならない。これ見よがしに女性より先にドアへ行こうと急ぐ男もいるが、格好が悪い。いいマナーの秘訣はさりげなさである。

**2：**もし女性がドアを開けてほしくないと言うなら、それはそれで尊重しよう。

習慣としきたりを守るなかで、われわれは物事の本質と価値を見いだしている。同一はつまらない。違いが面白いのだ！

**3：**もし女性が先にドアの前にいて、１人でドアを開けようとしているなら、君がすべきことはドアをもう少しだけ開ける所作だ。ドアノブをめぐる悶着を起こしてはならない。「ぜひ私が」という懇願も不要だ。大袈裟にしてはならない。

**4：**内側に開くドアなら、一歩前に出てドアを保持する。内開きのドアは手がかかる。もし彼女がドアを開け始めていたら、ヒンジのところに立って、彼女の頭越しに手を伸ばして、ドアの重みがさらに彼女にかからないようにする。

**5：**車のドアは障害物がないときのみ、開けよう。もし自分の車と隣の車の間にスペースがないなら、彼女に自分でドアを開けてもらう。できないことを無理にしてはならない。

**6：**車のドアを閉める際には、スカートの裾やハンドバッグのストラップなどが車内に入っていることを確認する。彼女の足をドアで挟んだり、洋服を駄目にして、デートを台なしにしないように。

**7：**彼女が車から出ようとするとき、必ずドアを開けなければならないと思う必要はない。車を止めたらすぐに車から出なければならないと思っている人は多いが、このような行為は不自然である。無理にしようとすれば運転手付きの車に乗っているような感覚を与えてしまう。

**8：**性別に関係なく、ドアは開けよう。ドアを開けるのは女性のためだけにするのではない。紳士は身体的に負担がかかる人には常にドアを開ける。もし高齢者、病人、ケガ人、大きな荷物を持つ人がいたら、ドアを開けよう。

**君のために誰かがドアを開けてくれたら、**
**笑顔を見せて「ありがとう」と言おう。**

# 38.ダンスを学ぶ

タンゴを踊るには2人が必要だ。最初に必要なのはボックスステップであり、それが基本だ。

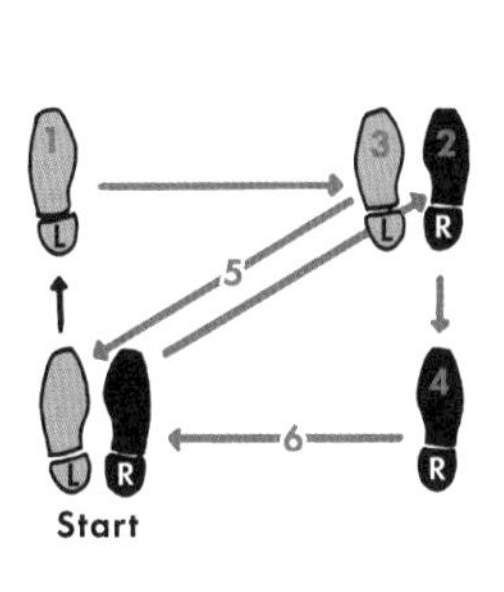

**1：**足を揃えて、体重は右足にかける。

**2：**左足を前に進め、次に右足を斜め右に動かす。

**3：**左足を右に動かして足を揃え、体重を左足に乗せる。

**4：**右足を後ろに下げ、そして左足を斜め後ろに下げる。

**5：**右足を左に動かして、足を揃え、体重を右足にかけて最初から行なう。

# 39.女性にコートを着せる

銀幕のスターたちが登場する映画を観たことがあるだろう。バシッと決めた紳士が外出前に彼女がコートを着るのを優しく、自然な仕草で手伝う。もちろん彼女は一人でコートを着られるが、これは思いやりの表れである。しかし、ドアを開けるのと同じく、コートを着せるのは難しく、気まずい雰囲気になりやすい。

**1：**まずは立ち位置だ。彼女の30センチ後ろ、やや右側に立つ。コートをウエストの高さで広げ、アームホールに腕を入れやすくする。

**2：**コートを上に持っていく。彼女の手と手首がアームホールに入ったら、優しくコートを持ち上げ、腕を袖に通し、肩にかける。

**3：**最後の仕上げは彼女にしてもらおう。後ろに下がり、彼女がボタンをかけ、襟から髪を出すのを待つ。

**4：**脱ぐことを手助けするのは簡単だ。彼女の後ろに立ち、肩からコートを降ろしたら、コートを受け取る。彼女が腕を袖から出すのを待とう。

**思い出してほしい。**
**丁重な行為の目的は、ほかの人に**
**心地良さを伝えることであり、気まずい思いを**
**させることではない。**

# 40.テーブルマナーとエチケット

現代社会はカジュアルなものになったが、大切なゲストとテーブルに着いた時、マナーを無視していいというわけではない。基本を学び、自宅で練習しよう。たとえカウチでピザにむしゃぶりつこうとも、ナプキンを正しく置くことは重要だ。

**ダイニングエチケットの基本——**

**1：**太腿にナプキンを置こう。出していいのは口を拭くときだけだ。

**もしテーブルを離れなくてはならなくなったら、皿の左側にナプキンを置こう。**

**2：**カトラリー（ナイフ、フォーク、スプーン）は外側から使う。コースが進むとともに、内側のカトラリーへと移っていく。

3：前に身体を傾けるのではなく、食べ物を口に運ぼう。口を閉じて噛み、咀嚼しているときは話さない。

**テーブルに着いた大半の人が食事を始めるまで食べてはならない。**

**ディナーパーティーに出席している時——**

1：花やワインなどの手土産を忘れない。

2：料理は適切な量だけを皿に取り、全員に行き渡るようにする。もし手の届かないところに料理があるなら、ほかの出席者に渡してもらう。

3：「後片付けを手伝いましょう」と声をかける。帰るときはホストにお礼を言うことを忘れずに。

**ホストが出してくれた食事のすべてを少しでも食べるよう努力する。**

# 41.手品を披露する

『エスクァイア』誌が1949年に発表した「ホストのためのハンドブック」にヒントを得たこれらの手品はパーティーを盛り上げるのに格好の手段である。

**手品1**

マッチ箱を用意し、箱に触らずに頭薬のある方がどちら側に入っているかを当ててみせる。

［種明かし］

マッチ箱をナイフの上に乗せる。頭薬のついた方が下がるはずだ。

**手品2**

1セント硬貨を重ね、友人に「1～3枚の硬貨を交互に取っていき、最後の1枚を取ったほうが負けになる」と言って、ゲームを始める。

［種明かし］

1セント硬貨を17枚重ねたら、最初に友人に取ってもらう。必ず1回あたりの2人の合計数は4枚にする。彼が1枚取ったら、君は3枚。彼が2枚取ったら、君も2枚。彼が3枚取ったら、君は1枚。これで相手が何枚取ろうとも、最後の1枚を取るのは彼だ。

**手品3**

ナプキンの両端から手を離すことなく、ナプキンを結んでみると宣言する。

［種明かし］

腕を組み、ナプキンの両端を両手で握る。腕組みを解くと、そこにはきっちりとした結び目がついている。

**手品4**

ショットグラスにウイスキーを入れる。もう1つのグラスには水を入れる。この2つの中身を入れ替えてみせると提案する。

［種明かし］

水の入ったグラスの上に名刺を置く。フチがすべて名刺でカバーされていることを確かめる。水のグラスを逆さまにしてウイスキーのグラスに載せる。少しだけ名刺を動かし、2つのグラスのあいだに隙間を作る。水は下のグラスに流れ落ち、代わりにウイスキーはゆっくり上のグラスに上っていく。

**手品5**

友人に壁際に立ってもらい、脚が動かないようにしてみせると宣言する。

［種明かし］

友人に左足首、左膝、左腰、左頬を壁に押し付けるように頼む。これで右脚を上げることができなくなる。

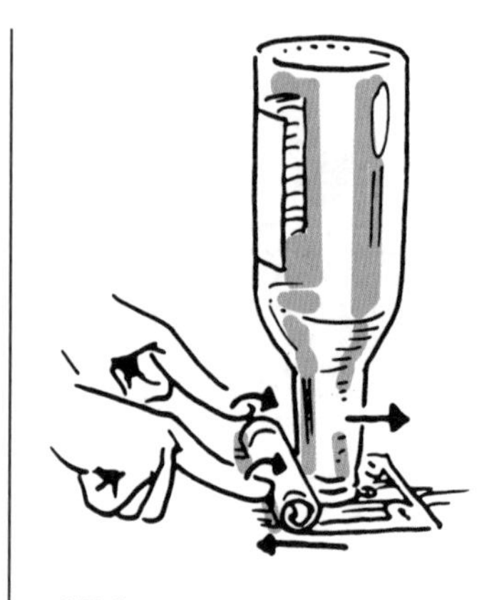

**手品6**

１ドル札の上に逆さにした瓶を置き、手を触れたり、倒すことなく、１ドル札を取り出せると言おう。

［種明かし］

瓶に手を触れないように、ゆっくり１ドル札を巻いて行く。巻かれたお札が瓶を押し、逆さにした瓶はテーブルの上に残る。

**手品7**

皿を動かさずに皿にこぼした水をグラスに移せると言ってみよう。

［種明かし］

数秒、グラスをマッチの火で温める。そしてグラスを逆さにして皿の上に置く。不思議なことに水はグラスに吸い込まれて行く。

# 42.完璧にステーキを焼く

直火で焼かれる肉の匂いを嗅ぎ、私たちは太古の昔を思い浮かべる。滋養のあるリブアイ（リブロースの芯の部分）の脂やフランク（ささみ）の淡白ですっきりとした味わい、あるいは伝統的なTボーンであろうと、完璧なステーキを焼く秘訣は正しい加熱とタイミングである。

**1：**グリルを清掃したら、強火・直火で温める。

**2：**塩、挽きたての黒胡椒、そして少量のオリーブオイルで肉に下味をつける。

**3：**グリルグレート（焼き網）に肉を直置きする。1インチ（2.54センチ）の厚さあたり、最長4分ずつかけてそれぞれの面を焼く。

**4：**肉の温度計を使用して、焼き上がりの理想温度から12度を引いた温度になったら、グリルからステーキを下ろす。しばらくは余熱で調理が進む。

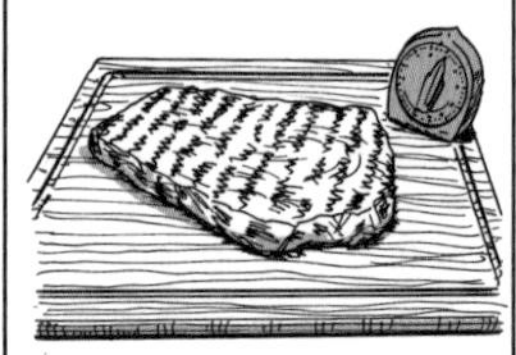

**5：**少なくとも調理時間の半分はステーキをそのままにする。

**6：**やわらかくなるように、ステーキは筋と直角になるように切る。筋肉の方向を見定めることにより、筋の方向を知ることができる。

**筋の方向は焼く前に確かめる。**

# 第3章 職人の技に学ぶ

クラフトマンシップとは、望みどおりの結果を得るために
時を忘れて仕事に没頭することだ。
マシュー.B.クロフォード（アメリカ人哲学者・作家）

人は岩を割って石器を作るようになってから、道具の改良に力を注いできた。道具は想像も及ばなかったことを可能にし、工作、安全の確保、意思の疎通、陸上と海上の旅行を可能にした。

人は職人や技術者を頼り、かつてはばらばらであったものを１つにまとめ上げた。職人は道具を自由に操り、巧みに腕を振るうことで、心を満たし、空想とは異なる現実的な事象の実現で自信を得る。

水漏れする蛇口を直す、あるいはエンジントラブルの原因を分析するとき、君は行動の結果を瞬時にして知ることができるようになる。漏水は止まり、エンジンは動き出す。

社会では人の手を必要とする技術のアウトソーシングが急速に進んでいるが、男は熟練した職人技を積極的に学ばなければならない。これらのスキルを持つ男は自立し、周りにいる人を助けるだけでなく、自身の腕を用いることで、実在の社会とつながりを作ることを可能にする。

# 43.ツールボックスに必要なもの

正しい道具を持つことで、君は家の問題の多くに取り組むことができる。道具を集めていれば、いざ修理に取りかかろうとする時、必要なものが揃っていることになる。安い金属でできたツールセットを衝動買いしたくなる気持ちは堪えよう。信頼できるブランドの工具を１つずつ集め、それぞれの使い方を学んでおく。以下はツールボックスに備えるべき工具の一覧である。

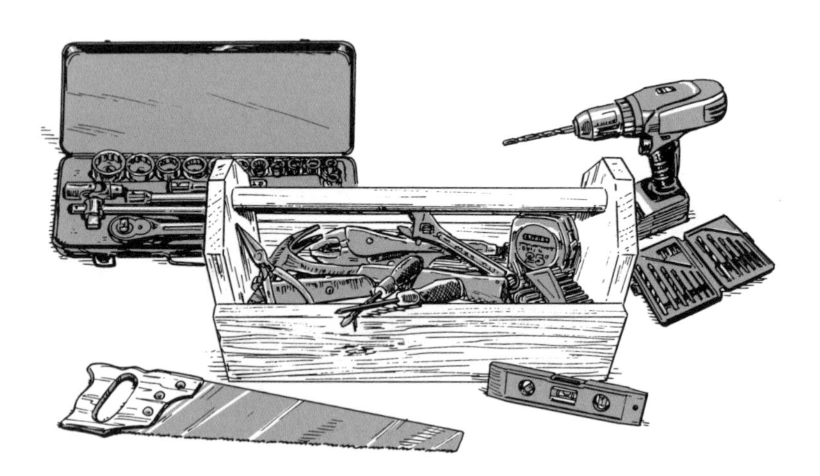

**1：釘抜き付きハンマー**……500グラムの金ヅチは扱いやすく、君は精力的に仕事することが可能になる。後ろの釘抜きを使うことで古い釘や曲がった釘を引き抜くことができる。

**2：ソケットレンチ**……ソケット一式と付属するラチェットレンチがあれば、ナットとボルトは怖くない。

**3：ラジオペンチ**……多目的で使用するため、ワイヤーカッターのあるものを購入しよう。

**4：コードレス電動ドリル**……穴を開ける、ネジを回す、その他の目的のために多用途に使用できるコードレス電動ドリルを手に入れよう。

**5：モンキーレンチ**……ナットとボルトを締めるモンキーレンチは配水管の修理にうってつけの多目的ツールだ。

**6：メジャー**……君はガレージと屋内でどれだけ頻繁にメジャーを使用するかを知って驚くだろう。5メートルの長さがあれば十分だ。

**7：ネジ回し**……多くのネジはプラスかマイナスである。先端が磁石のものをそれぞれ3サイズずつ揃えよう。

**8：水平器**……絵画を水平に飾るときや工作物をまっすぐに作るとき、水平器が必要になる。長さのあるものの方が精度が高い。

**9：ノコギリ**……よく研がれたノコギリがあれば木、金属、プラスチック、ゴムなどを簡単に切断できる。

**10：六角棒スパナ**……組み立てを必要とする家具から自転車まで、6角形をした六角棒スパナ（ヘックスキーとも呼ばれる）は多くの作業で必要となる。

**11：万能ナイフ**……硬いプラスチックで梱包された箱を開梱する、木片を刻むなど、万能ナイフは何通りにも使用できる必要不可欠なツールだ。保管するときは刃を仕舞っておく。

**12：ロッキングプライヤー**……強力なあごを持つロッキングプライヤーを使えば、多くのものを確実につかめる。

# 44.ハンマーを正しく使う

ハンマーは人類にとって最も簡単な道具に思えるかもしれない。しかし、以下の使用方法を守ることで釘を曲げて落ち込んだり、指に走る激痛を防ぐことができる。正しい使用法を守れば、素早く釘を打ち終えることができるので、ハンマーを振り下ろす時間を短縮し、完成品を鑑賞する時間を増やすことができる。

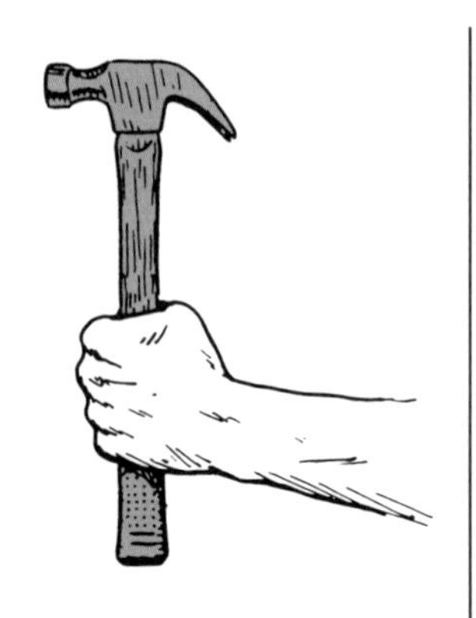

**1：**力強く握手をするようにハンマーを持つ。新しい釘を打つときはヘッドに近いところを持って正確にコントロールする。釘が入るにつれて、より強い力を加えられるよう、グリップの下へと持ち手を動かしていく。

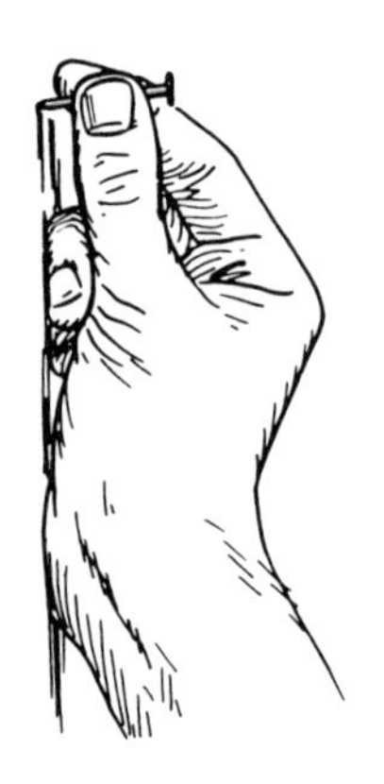

**2：**釘を親指と人差し指で持ち、釘の先端を打ち付ける面に固定する。釘の上部を持つことで、正確にコントロールすることが可能になり、ハンマーが指に当たる危険を回避できる。

3：釘の先端が打ち込みたいところに十分入るまで、釘の頭を軽く叩く。

4：釘を打ちながら、手をハンマーの柄の下部へと動かしていく。手首を使って軽く打ち、釘が入るにつれて、ヒジを使うことでより大きな力が釘に加わるようにする。

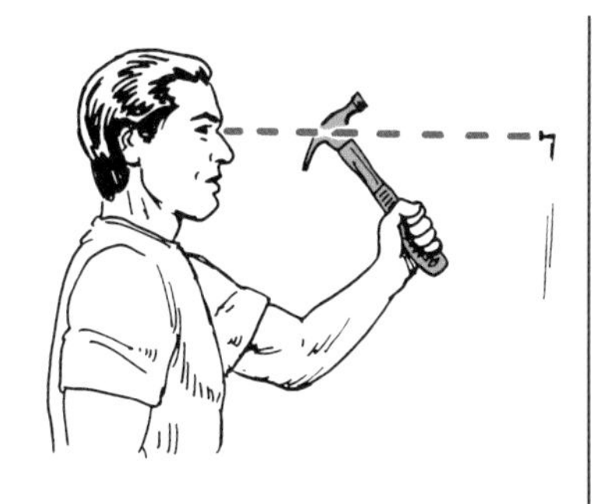

5：打ち間違えたり、思わぬ場所を叩いたりすることを防ぐため、釘の頭を注視する。

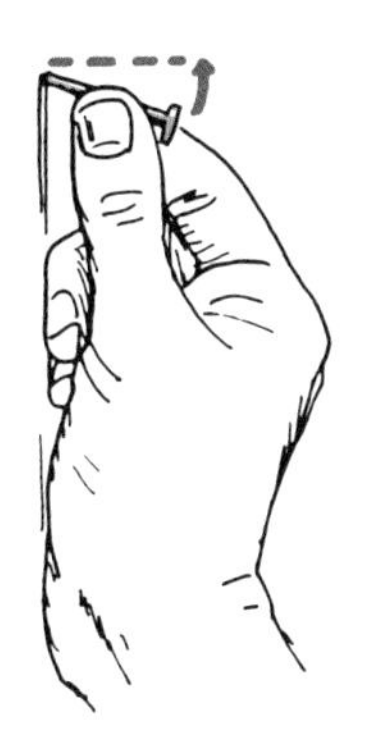

6：釘が曲がったら、釘を打つのをやめて、釘を調整する。曲がった釘は早い段階で直すことで、まっすぐに打ち込む確率を上げることができる。

# 45.モンキーレンチを使いこなす

物をつかみ、回すのがレンチの最も基本的な機能である。われわれの多くはモンキーレンチを回したり、ソケットレンチをいじくったりするのが関の山で、プロが使うレンチとナット、ボルトの奥深さはわからない。基本的な使い方はほとんどのモンキーレンチに共通する。

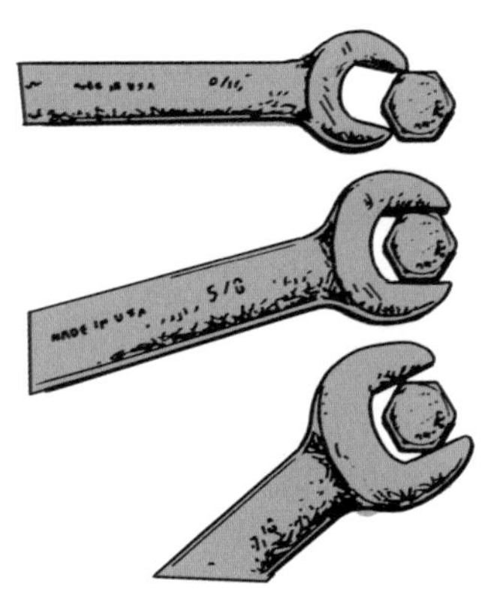


1：しっかりとナットもしくはボルトにはまる大きさのレンチを選ぶ（もしくは大きさを調整する）。レンチのサイズや形はミリ単位で異なり、間違ったサイズのものを使用すると、回しているナットやボルトの頭をなめてしまう。

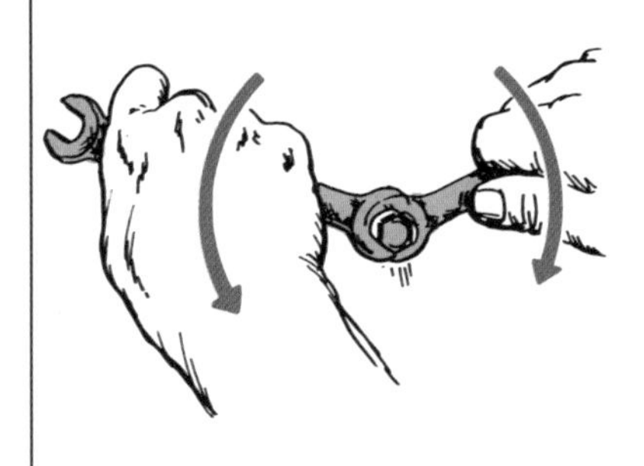

2：時計回りに回すことでナットやボルトは締まり、反時計回りに回すと、ナットやボルトはゆるむ。

**3：**回したい方向へ押すのではなく引く。押していると、ナットやボルトが突然壊れた際に手に青アザを作ってしまう。

**4：**長いパイプを使おうとは思わないで欲しい。読者の中には父親が長いパイプにレンチを入れ、テコの力を使って、ナットやボルトを強く、そして簡単に締めていたのを見た人がいるかもしれない。しかし、いくつかの理由からこれはやめて欲しい。まず、このような使い方をすると、レンチの柄が曲がってしまったり、荷重をかけ過ぎて頭部を傷めてしまったりする。つぎに、過大なトルクから、正しいサイズのレンチを使用していなければ、ナットやボルトの頭をなめてしまう。最後にパイプを回して楽をしようとした場合、パイプが抜けて、君自身やそばにいる人を危険な目に遭わせてしまうかもしれない。もし強力に締める力が必要なら、柄の長いレンチを使用する。

**5：**レンチをハンマーで叩いてはいけない。打撃レンチなど力を加えられるようなレンチを使用していない限り、このような行為は道具の破損につながる。

# 46.ポケットナイフを活用する

スイスアーミーナイフのように複数の刃を持つものから、スタイリッシュな柄に収まる一枚刃の小型折り畳みナイフまで、ナイフは持ち主の性格を表すとともに、信頼に足る実益をもたらす。ナイフは思いもよらない数多くの用途に使える。

**1**：開けるのが面倒なプラスチック製梱包や箱、封筒の開封に使う。

**2**：焚き火の着火に必要な削りかすを乾いた枝から作る。

**3**：突然の機会でも、戸惑うことなく食べ物を切り分ける。

**4**：襲撃を受けた際の護身。

**5：**サバイバルのため、棒を削って弓や槍を作る。

**6：**火打ち石を擦って、火を起こすのに必要な火花を得る。

**7：**仕付け糸や洋服のタグを外す。

**8：**ターザンのようにロープや木のツルにぶらさがるときのアクセサリーとして口に咥える。

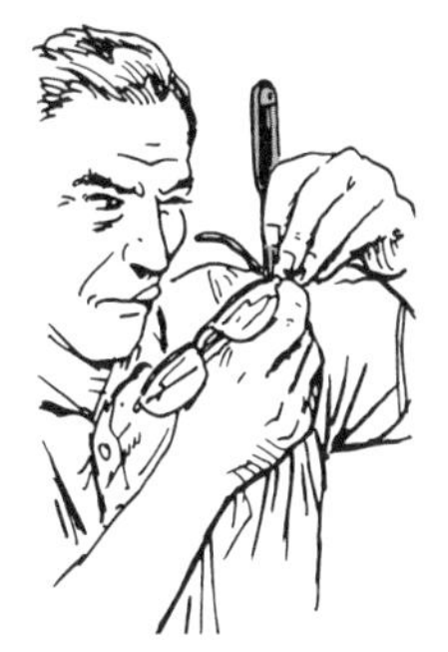

**9：**メガネや小型家電の小さなネジを回す。

**10：**交通事故で外せなくなったシートベルトを切断する。

# 47.ナイフを研ぐ

ナイフの機能は手入れ次第である。ナイフを研ぐ方法はいくつもあるが、以下の基礎的なテクニックは鋭い刃を維持するために役立つ。スムーズに切るには鋭い刃が必要であり、刃を鋭くしておけば力を入れる必要はなく、より安全にナイフを扱うことができる。

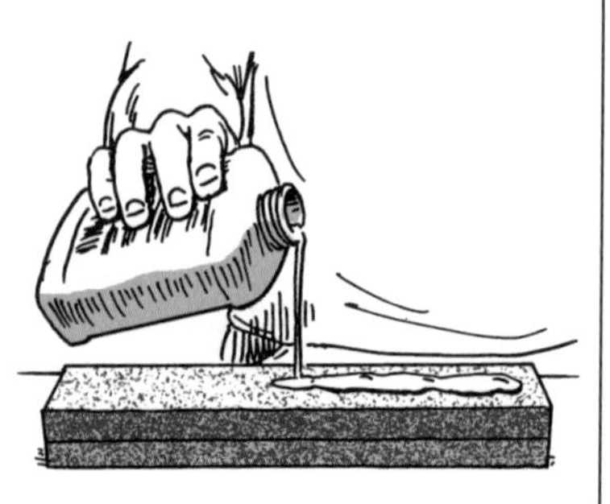

**1：**砥石の粗い面に鉱物油を垂らして準備を整える（砥石の多くには目の粗い面と滑らかな面がある。粗い面からスタートする）。

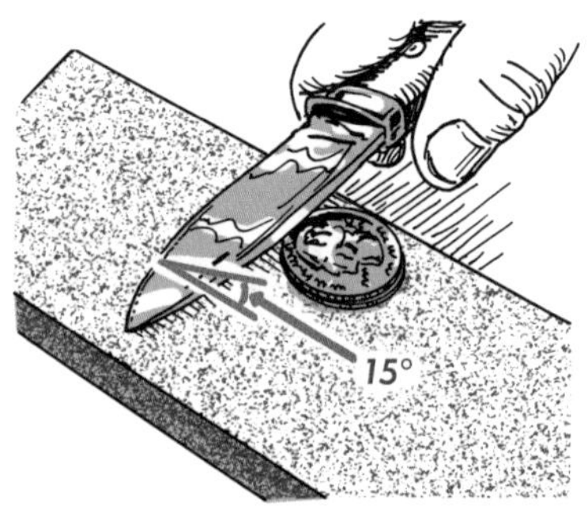


**2：**ナイフを砥石に対して15度の角度にする。

**ナイフの峰（背）の下に25セント硬貨を２枚重ねて置くことで15度の角度がわかる（訳注：日本では500円硬貨と100円硬貨を重ねる）。**

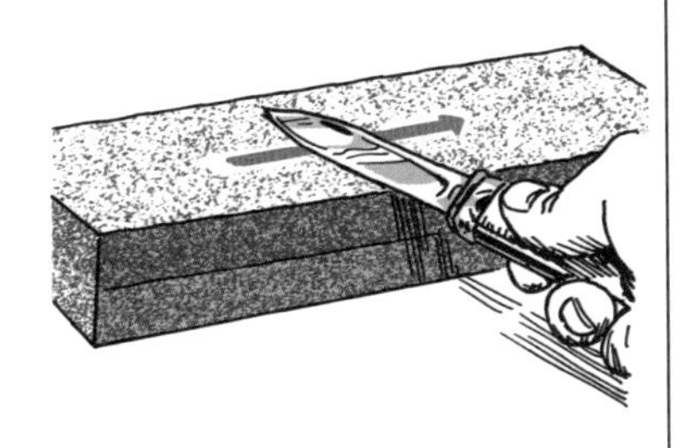

**3：**15度の角度を保ったまま、刃を砥石の上で動かす。刃を手前から奥へ、あるいは奥から手前へ（イラストでは左から右へ、右から左へ）動かすかは君の好み次第だ。

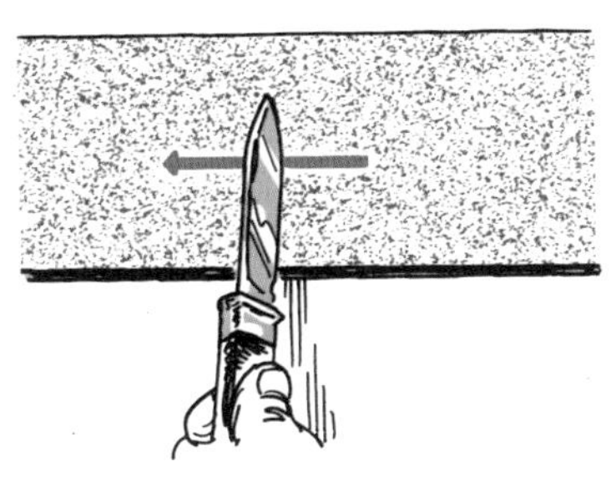

**4：**12回ほど動かしたら、反対側を研ぐ。同じ動きを繰り返す。

**5：**表面と裏面の研ぎ具合を同じにするために、ナイフをひっくり返しながら、各面を６回ほど研ぐ。

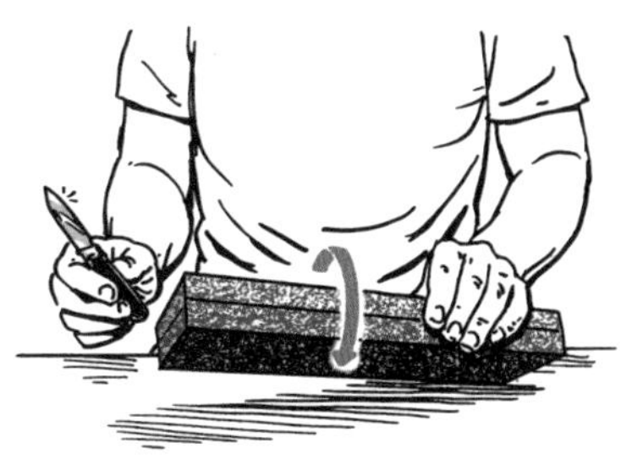

**6：**研石の滑らかな面を使って、ステップ３から５を繰り返す。

**定期的に研いでいるのであれば、研石の滑らかな面を使用するだけもいいだろう。**

# 48.斧を扱う

アウトドアで危険な状況に遭遇したり、あるいはこの世の終わりが近づくとき、もし道具を1つ持てるとしたら、斧を選ぶのが賢明である。斧は道具であり、武器である。

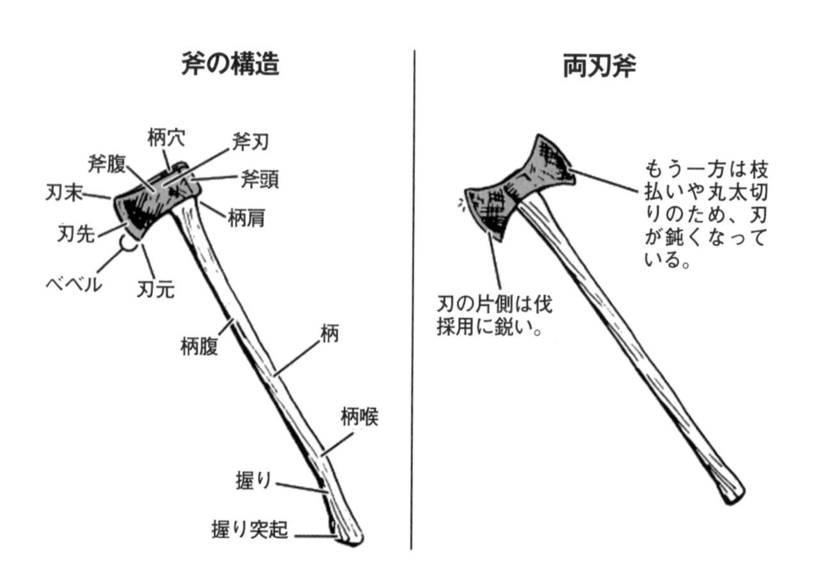

## 斧の正しい保管法

## 斧の運び方

## 木の伐採方法

## 丸太を叩き切る

# 49.ロープ結びをマスターする

靴紐を結ぶ方法しか知らなければ、その場、その場で思いつく結び方しかできない。結束を知らない者には複雑な結び方は魔法のように見えるだろう。

何かを縛りつけるとき、君は即席の方法を考え出す必要はない。簡単に使える結束法を参考にして練習しよう。

**1：本結び**……張力を失うことなく2本のロープを結ぶには最適な方法。

**2：もやい結び**……水兵が知っておかなければならない最も重要な結び方であり、重量物を固く縛るのに最適な結び方。

**3：ふた結び**……アンカーポイントや木、くい、物品にロープを結ぶのに最適な方法。

**4：自在結び（張り綱結び）**……ふた結びに似た結び方であるが、吊り荷の高さを調節できるヒッチが特徴である。ペグにレインフライの張り綱を結ぶときに最適。

**5：巻き結び**……アンカーポイントにしっかりと結ぶとき、また丸太を束ねて筏を作るのにも役立つ結び方。

**6：8の字結び**……滑車のような保持具からロープが外れることを防止するためにクライマーや水兵が学ぶシンプルな結束の1つ。

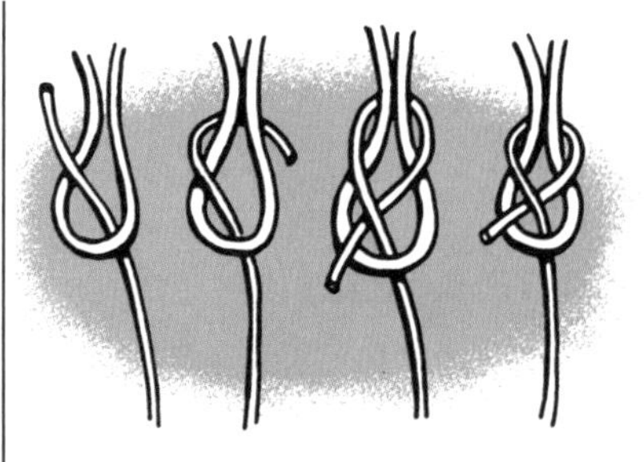

**7：一重継ぎ**……2本のロープの材質や太さが異なる場合、本結びの代わりにこの結び方を使う。

# 50.ドアを蹴り破る

鍵のかかったドアを開けるのにキックするのはほぼ間違いなく最悪の方法だ。錠前屋を呼ぶ、自分で鍵を開ける、あるいは窓から出入りする。しかし、非常時にはどうしたらいいのだろう？ 建物に火災が発生し、鍵のかかったドアを通って避難しなければならない。そんなとき、鍵と戯（たわむ）れている時間はない！ 何をしたらいいのか？ 男になれ、こん畜生！ ぶっ壊せ！ ずーっとそうしたかったんだろ？

# 51.防災用具を車に常備する

以下のものを車に入れておけば時間を浪費することはないし、不安な思いをすることもない。緊急事態が発生した場合は生死を分けることになるかもしれない。

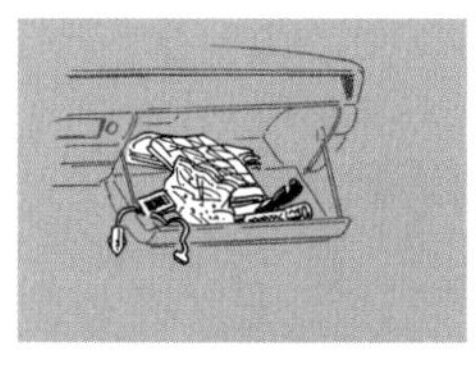

- 紙の地図
- 携帯食料（スナック菓子）
- シートベルトカッター

- 懐中電灯
- モバイルバッテリー
- 可搬式コンプレッサー
- ウォッシャー液

- 発煙筒
- ブースターケーブル
- 牽引ロープ

**冬と非常事態に備えて**

- シャベル
- 猫用トイレ砂
- 暖をとるためのロウソク
- アイススクレーパー（フロントガラスの凍結・霜とり）
- 帽子と手袋
- チェーン

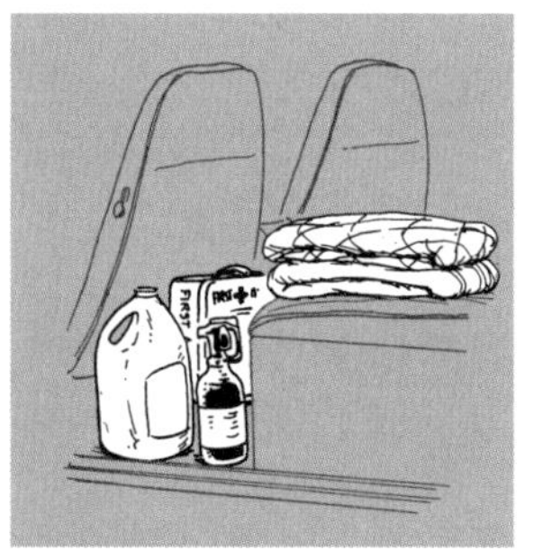

- 水
- 救命用品
- 毛布
- 小型消火器

# 52.エンジンの仕組みを知る

車を毎日使っているにもかかわらず、どのような仕組みになっているのかわからないのであれば、今日からは違う。以下は車の心臓部ともいう内燃機関の図である。

1：エンジンブロック
2：シリンダーヘッド
3：ピストン
4：コネクティングロッド
5：クランクシャフト
6：クランクケース
7：カムシャフト
8：タイミングチェーン
9：バルブ
10：スパークプラグ

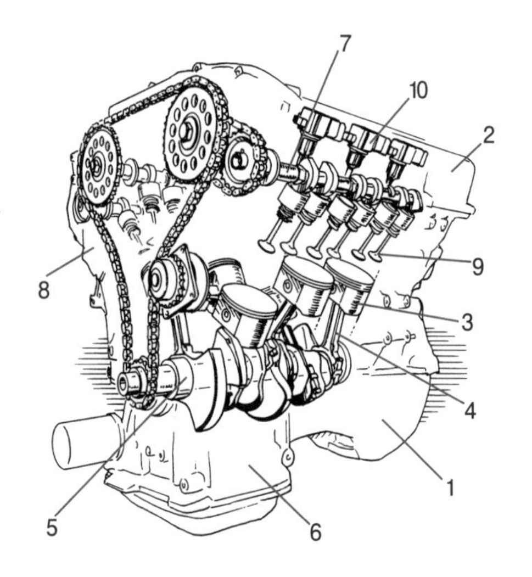


内燃機関は燃料と空気がエンジンの内部で燃焼され、車に動力を伝えるピストンを動かすエネルギーを発生させることから名づけられた。それに対して、蒸気機関のような外燃機関はエンジンの外で燃料を燃やして動力を得る。

## 車のエンジンの各機能――

### エンジンブロック

エンジンブロックはエンジンの基礎となるものである。エンジンブロックの多くはアルミニウム合金や鉄の鋳物(いもの)でできている。シリンダーがエンジンブロックに挿入されることから、エンジンブロックはシリンダーブロックとも呼ばれる。シリンダーはピストンが上下するところであり、シリンダーの数が増えるとエンジン出力は増加する。

### コンバスチョンチェンバー（燃焼室）

ここで魔法は起きる。燃料、空気、圧、電気が小さな爆発を起こし、ピストンが上下運動する。燃焼室の壁となるものはシリンダー、ピストン、シリンダーヘッドである。

### シリンダーヘッド

この金属製の部品はシリンダーの上にある。このガスケットがシリンダーヘッドとシリンダーブロックを密閉する。バルブ、スパークプラグ、フューエルインジェクター（燃料噴射装置）がシリンダーヘッドに装備されている。

### ピストン

シリンダー内部で上下運動をする部品で、外観はスープの缶のようなものである。燃焼室で爆発が起きると、ピストンは下へ動き、コネクティングロッドを介しクランクシャフトを動かす。

### クランクシャフト

クランクシャフトがピストンの動きを回転する力に変え、車は動く。クランクシャフトの前方のベルトがカムシャフトを通じて車のほかの部品に力を送り、後部ではドライブトレインに接続されて、車輪を回す力を供給する。前後部にはOリングと呼ばれるシールがあり、オイル漏れを防ぐ。

クランクシャフトはクランクケースの中にある。クランクケースの下にはエンジンオイルを貯蔵するオイルパンがある。オイルパンの中にはポンプがあり、オイルをクランクシャフト、ベアリング、シリンダーウォールに供給し、ピストンが運動する際に各部を潤滑する。オイルは再びオイルパンに落ち、同じプロセスを繰り返す。

### カムシャフト

カムシャフトはエンジンの脳である。カムシャフトはタイミングベルトを経由してクランクシャフトから供給された動力を使い、バルブを開閉し、最高の性能を提供する。

### タイミングドライブシステム

カムシャフトとクランクシャフトはタイミングベルト、もしくはチェーンを使用し、動作のタイミングを調整する。カムシャフトとクランクシャフトが常に相対的に同じ位置にあるようタイミングドライブシステムが制御する。

### バルブ

インテークバルブが空気と燃料を燃焼室に挿入する。アウトテークバルブは排気を燃焼室から放出する。車には通常、各シリンダーにそれぞれ1つのインテークバルブとアウトテークバルブがあるが、(ジャガーやマセラティなどの)多くの高性能車には各シリンダーに4つのバルブがある。バルブが多いことでエンジンは「呼吸」がうまく行なえるようになり、エンジンの性能は向上する。

### フューエルインジェクター(燃料噴射装置)

1980年代以前の車両ではキャブレターが燃焼室に燃料を供給していた。現在の車はダイレクトフューエルインジェクターを搭載しており、シリンダー内に直接燃料を噴射している。もしくはシリンダー直前で燃料と空気を混合している。

### スパークプラグ

シリンダーの上部にはスパークプラグがある。火花が散ると圧縮された燃料と空気が小さく爆発し、ピストンを押し下げる。

## 4ストロークエンジン――

**1：**インテークストローク（吸入行程）……ピストンが下がり、インテークバルブを通じて空気が吸入されるとともにフューエルインジェクターが燃料をシリンダー内に噴射する。

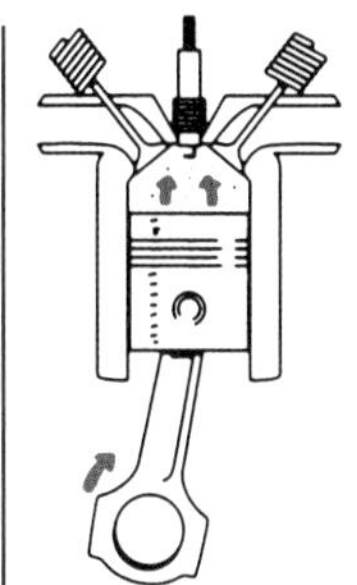

**2：**コンプレッションストローク（圧縮行程）……バルブが閉まり、クランクシャフトがピストンを上昇させ、空気と燃料からなる混合気を圧縮する。

**3：**コンバスチョンストローク（燃焼・膨張行程）……ピストンが最上部へと到達するとスパークプラグが火花を散らし、混合気に着火する。燃焼の結果、ピストンは再びシリンダーの最下部へと進む。

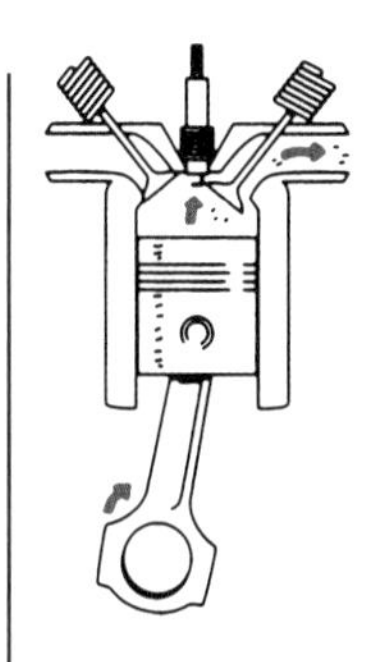

**4：**エキゾーストストローク（排気行程）……ピストンが最下部に到達すると排気バルブが開く。ピストンが上に動き始めると、排気は強制的に排出される。

# 53.マニュアル車を運転する

マニュアル車の運転技術は失われつつある。今日アメリカで販売される新車のうち、わずか4パーセントがマニュアルトランスミッションを搭載している（訳注：2019年時点、日本では1.4パーセント）。しかし、いつマニュアル車を運転しなければならなくなるかは誰にもわからない。そして何よりも、マニュアル車を運転するのは大きな喜びだ。

## 運転席の配置を理解する――

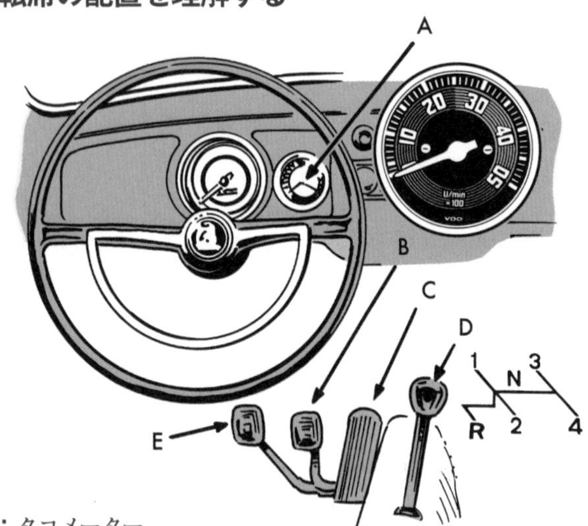


A：タコメーター
B：ブレーキペダル
C：アクセルペダル
D：シフトノブ
E：クラッチペダル

**ペダル**

クラッチ、ブレーキ、アクセルのペダルがある。クラッチペダルは左にあり、ギアを変えるときに踏む。ブレーキペダルは中央。右側のペダルはアクセルペダルで、オートマチック車と同じ働きをする。運転するには2つの足の使い方を知っておかなければならない。左足はクラッチの操作に使い、右足はブレーキとアクセルに用いる。

**ギアのシフター**

今日のマニュアル車は6速のギアを搭載している。1速から5速までと、バックのギアだ。

**タコメーター**

タコメーターはエンジンのクランクシャフトが毎分何回転しているかを表示する。いつギアをシフトするかの目安になるので、頻繁に見るようにしよう。

マニュアル車の運転で最も恐ろしいのは
1速に入れることだろう。アクセルの踏み具合と、
どれくらいゆっくりクラッチを離して1速に入れるか
を身体で覚えるにはしばらく時間がかかる。
最初はエンストを覚悟する。それでいいのだ。
これはマニュアルトランスミッション愛好会への
入会の儀式と思ったらいいだろう。

**1速に入れる――**

**1：**クラッチペダルとブレーキペダルを踏み、車のエンジンをかける。マニュアル車ではイグニッションスイッチを回すにあたり、クラッチを踏んでいる必要がある。ブレーキを踏む必要はないが、ブレーキを踏むのはいい習慣である。

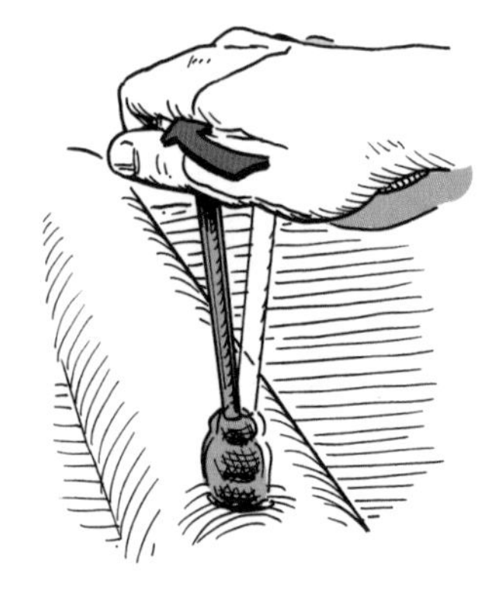

**2：**クラッチを左足で、ブレーキは右足で踏んだまま、シフトを1速に入れる。

**マニュアル車を運転していると、**
**君は真に車と一体化したように感じるだろう。**
**君は振動とエンジン音と調和した存在になる。**
**運転はつまらない仕事ではなく、喜びに変わる。**

**3：**右足をブレーキからアクセルに移そう。そして左足をクラッチからゆっくり離し始める。ここが難しい。アクセルから足を離すと、エンストするので、アクセルは少しずつ踏み込んでいく。タコメーターに目を移せば、エンジンの回転数は1,500～2,000rpmになるはずだ。そしてすべてがうまくいけば、ギアが「噛んだ」ことが感じられ、君はエンジンの回転のコントロールに成功したことがわかる。

**4：**車はゆっくりと前進を開始する。車が動き出したら、クラッチから足を離そう。停止した段階から1速を使って動き始めることができたら、90パーセント成功したと思っていい。

**1：**右足をアクセルから離し、左足でクラッチを完全に踏み込む。そしてギアを２速にチェンジする。この動作は同時に行なうのがいい。

**3：**ギアを上げたら、１速と同様にクラッチを離し、右足でアクセルを踏む。車は加速する。変速が早過ぎれば、振動を感じるはずで、走行中のエンストを防ぐためにギアを下げよう。

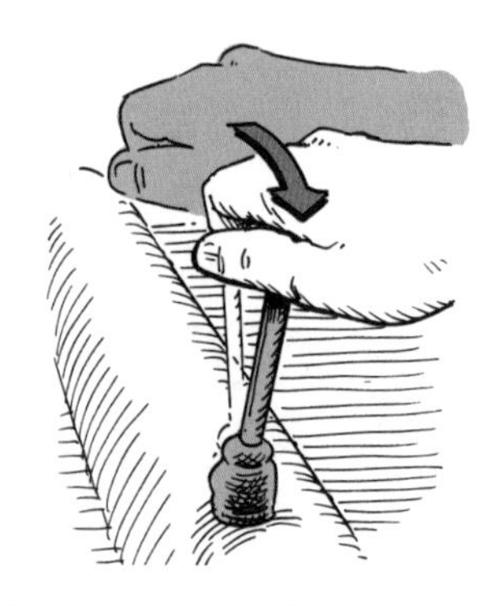

**2：**クラッチを完全に踏むことなしにシフトノブを動かしてはならない。ギーっと恐ろしい音が発生し、繰り返していると自動車工場に頻繁に行かなければならなくなる。

**3,000rpmくらいになったら、ギアを上げよう。**

**減速する——**

ギアを下げることで減速することは可能だが、クラッチとトランスミッションに負荷がかかる。エンジンの回転数が1,000rpmまでに落ちたら、ギアをニュートラルにしてブレーキをかけるか、クラッチを踏み込んだままにして、ブレーキをかけよう。減速時はアクセルを踏まない。

**止まる——**

止まるときは左足でクラッチを踏み、右足でブレーキを踏む。

**バックする——**

バックするときも同じ手順だ。ギアをバックに入れればいい。

**駐車——**

サイドブレーキが君の友人だ。駐車するときは必ず使おう。1速に入れておけばより安全だ。

**練習を始めるには大きな駐車場がいい。**

# 54.エンジンを再始動させる

友人や悲しみにくれる女性を助けるとき、あるいは君自身が窮地に陥ったときなど、いつジャンプスタートの知識が必要になるかわからない。間抜けにならないように、またショックを受けないように、このガイドを参考にしてほしい。

**1：**救援車をバッテリーの上がった車のわきに止める。2台ともエンジンを切り、ボンネットを上げる。

**2：**ブースターケーブルの赤い（プラス）ワニグチクリップを、エンジンのかからない車のバッテリーのプラス端子に接続する。

**3：**もう一方の赤いワニグチクリップを救援車のプラス端子に接続する。

**イグニッションキーをオンにし、エンジンから音がすれば、バッテリーに問題はなく、ジャンプスタートをする必要はない。キーを回して、何も変化がないようであれば、バッテリーが上がっている可能性は高く、ジャンプスタートが路上に戻る近道になる。**

**4：**黒い（マイナス）ケーブルのワニグチクリップを救援車のバッテリーに接続する。

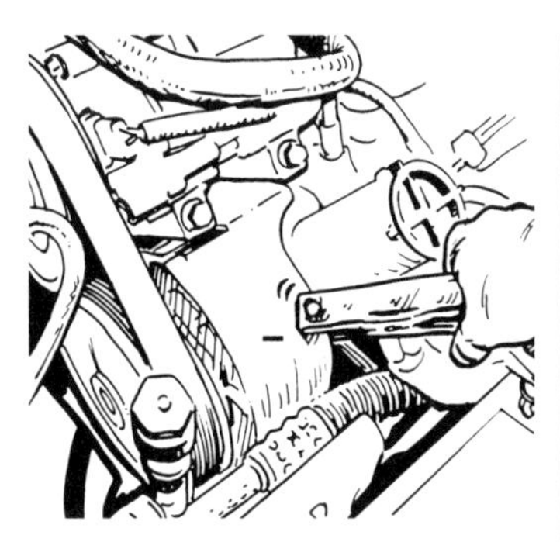


**5：**もう一方の黒いケーブルのワニグチクリップをエンジンのかからない車のボンネットの下のきれいで塗装されていない金属面に接続する。エンジンブロックがいいだろう。マイナスケーブルを上がってしまったバッテリーのマイナス端子に接続してはいけない。

**6：**救援車のエンジンを始動し、２〜３分ほどアイドリングしたのちに、被救援車のエンジンを始動させる。エンジンが始動したら、つなげていった反対の順にケーブルを外していく。少なくとも30分ほどアイドリングさせて、バッテリーを再充電する。

# 55.タイヤを交換する

君はロードサービスに加入しているかもしれないし、加入していないかもしれない。いずれにせよ、タイヤの交換方法を学ぼう。君自身が、愛する人が、あるいは見知らぬ人がいつ助けを必要とするかわからない。

**1：**車を平らなところに止め、サイドブレーキを引いて、ハザードランプを点灯し、三角表示板を置く。パンクしたタイヤの対角線上のタイヤに車輪止めを置き、スペアタイヤを取り出す（空気が入っているのを確認する）。

**2：**ラグナット（ホイールナット）を露出させるために、ハブキャップを外す。次にラグレンチ（ホイールレンチ）を使用して、ナットをゆるめる。まだラグナットは外さない。少しゆるめるだけに留める。

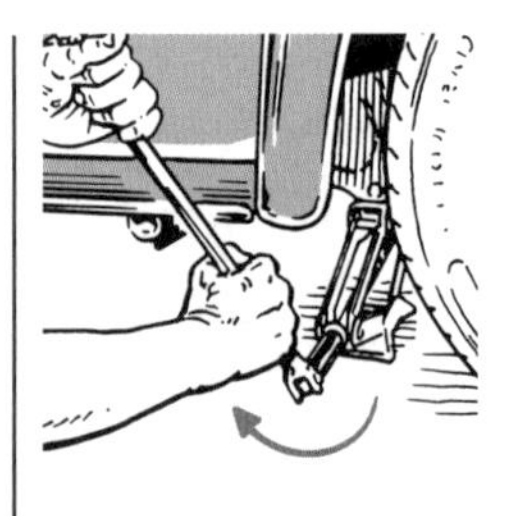

**3：**ジャッキをフレームの下のしっかりしたところに置く。取扱説明書をチェックして、どこに置いたらいいか確認しよう。フレームを持ち上げるところまでジャッキのクランクを手で回す。

## 車の下に手や足を入れたりしない。車が落下して、ケガをする危険がある。

**4：**つぎにレンチを使用し、てこの原理を利用してクランクを回し、タイヤを外せるところまで車を持ち上げる。手や足を車の下に入れてはいけない。車が落下し、ケガをする恐れがある。

**5：**ラグナットを反時計回りに回して、ホイールを外す。転がっていかないように、ナットはハブキャップの上に置く。パンクしたタイヤを外し、平らなところに寝かせる。タイヤも転がっていったら困る。

**6：**スペアタイヤを持ち上げ、スタッドボルトを通して、車に装着する。タイヤが装着されたら、最初は手でラグナットを回し、その後、抵抗が出るまで、レンチを回す。

## 次に使うことを考え、
## 道具は正しい位置に戻そう。

**7：**ホイールがしっかりと着地するところまで下げ、ラグナットを締め終える。ラグナットをしっかり締めるために、4穴十字型か5穴星型の順序を使ってナットを締める。

**8：**スペアタイヤは長距離の使用や、高速での走行を想定していない。ゆっくりと走り、できるだけ早くパンクを直し、元のタイヤに戻してもらおう。

## ラグナットを締結する適正なトルク値は
## オーナーズマニュアルに記載されている。

# 56.スリップをコントロールする

毎年、雪や凍結した路面を走る車でケガをする人は全米で10万人を超える。悪天候下でも安全に運転できる技術は必要不可欠だ。以下はスリップからの回復の方法だ。

**1：タイヤがスピンしたら——**

アクセルを戻す

タイヤのスピンは必要とする摩擦がないのに急に加速したときに起きる。タイヤは車の走行速度よりも速いスピードで回り始める。対策は簡単だ。タイヤが走行面をつかめるよう、アクセルを戻す。次回からはゆっくりと加速しよう。

**2：ホイールがロックしたら——**

ブレーキを離す

ホイールのロックは走行面に対してブレーキを強く踏み過ぎるときに発生する。車は移動を続けているにもかかわらず、タイヤは停止している。解決策はタイヤが回転を始めるまで、ブレーキを戻すことだ。ブレーキを完全に離し、ゆっくりとブレーキをかけ直さなければならないこともあるだろう。スムーズにできるのなら、スリップしがちな路面でもしっかりとブレーキをかけることが可能だ。アンチロックブレーキ（ＡＢＳ）はタイヤのロックを防止する。４輪でブレーキ圧を調整するので、車輪は回転を続ける。軟弱な路面ではうまく減速できないかもしれないので、追加の制動距離が必要になるときもある。

## 3：アンダーステアになったら――

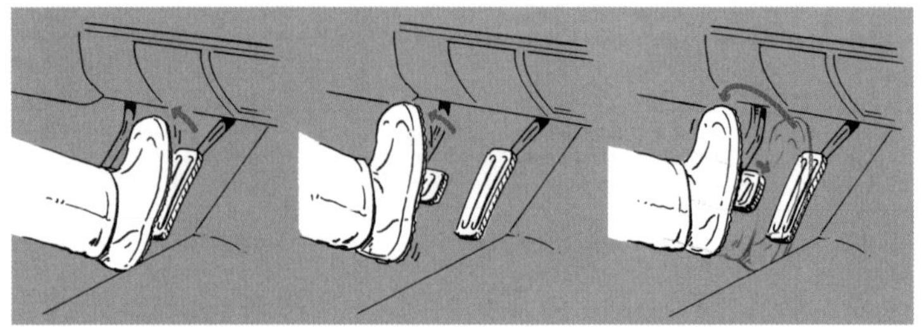

アクセルから足を離し、ゆっくりとブレーキをかけよう。方向も調整する。ゆっくりとハンドルを回すとき、タイヤは最大のグリップ力を得ることができる。

前のタイヤがグリップを失い、カーブが曲がれなくなることを「アンダーステア（プッシュ、タイト）」といい、状況が許すスピードよりも早いスピードでコーナーに入ってしまうことから発生する。

もし時速50キロ制限のコーナーに110キロで入ったとしよう……。残念ながら、すべては終わりである。どこか柔らかい所にぶつかることを祈るしかない。もし少しだけ速い速度で入ったのなら、アクセルから足を離し、ゆっくりブレーキをかけよう。目は常に行きたいと思うところを見据える。

前輪のスピンもアンダーステアを誘発する。もし前輪駆動の車に乗っていて、曲がりたいのなら、タイヤをスピンさせてはならない。前輪のロックもアンダーステアにつながる。もし強くブレーキを踏みながら、曲がろうとするなら、少しブレーキをゆるめないと車の方向は定まらない。

アンダーステアでスリップして、ハンドルをもっと回したくなる衝動に駆られても、誘惑に負けてはならない。「車が曲がらない。もっと回してやれ」と思うことは自然かもしれないが、問題はペダルにあるのであり、手は関係ない。グリップ力は少しだけ曲がるときに最大になるのであって、もし前輪が大きく曲がっているのなら、車が言うことを聞かないのもまた当然である。

## 4：オーバーステアになったら――

●後輪駆動車……アクセルをゆるめる。
●前輪駆動車……ブレーキをゆるめ、ゆるやかに加速する。
●少しだけハンドルを回して、行きたいところに向かおう。少しだけ方向を変えるとき、グリップ力は最大になる。

オーバーステア（訳注：ハンドルの切れ角よりも車が内側に入り込む状態）によるスリップは後輪のタイヤがグリップを失ったときに発生し、車の後部は横へと動き始める。後輪駆動車（一部の４輪駆動車も）で発生しやすく、解決方法はアクセルをゆるめ、行きたいところを見て、少しずつその方向へハンドルを切っていくことである。

オーバーステアは路面状況に対して速過ぎる速度でコーナーに入り、ブレーキをかけたときにも頻繁に発生する。

これは車の重量が後輪のタイヤにかからなくなり、前輪のタイヤに集中するからである。後輪が左右に動くのはタイヤにかかる荷重がなくなったためであり、ピックアップトラックや前輪駆動車、その他車体後部の重量が軽い車ではよく見られる。

坂を下りながら、コーナーを曲がろうとするときに発生するのも同じ理由からである。

行きたいところを見て、ブレーキをゆるめ、場合によってはアクセルを少し踏むことで、車体後部に荷重がかかるようにし、後輪のタイヤが横に動く力をゆるめるのが解決の方法だ。

## 5：カウンターステアをあてる――

- 後輪駆動車……アクセルを離そう。
- 前輪駆動車……ブレーキを離し、アクセルを少し踏もう。
- 行きたいところに向けて少しハンドルを曲げる。ハンドルを少し曲げたとき、グリップは最大になる。
- 車の姿勢が直ったら、車輪をまっすぐにし、タイヤが道路と並行になるようにしよう。

オーバーステアが発生し、適切に対処できなかったとき、カウンターステアを当てなければならなくなる。

車両の後部は左右に振れ、左右の動きは大きくなっていく。もし最初、あるいは次のスリップで対処しなかった場合は、3度目のスリップは危険なものになり、修復は難しいものとなる。

アクセルとブレーキの両方から足を離し、ハンドル操作に集中しよう。減速や加速は問題をより複雑にする。

道路を見て、必要なだけの回頭を行ない、前輪を向かいたい方向に向ける。車の姿勢が持ち直したら、ハンドルを中央に戻し、タイヤを常に道路と並行にする。

ドライバーの対処の遅れ、あるいは修正が大き過ぎた場合は、カウンターステアを当てなければならなくなる。ミスを繰り返した場合は道路から逸脱する。予知能力が鍵である。車の回頭を回復し、車が左右に振れないようにする。君なら大丈夫だ。

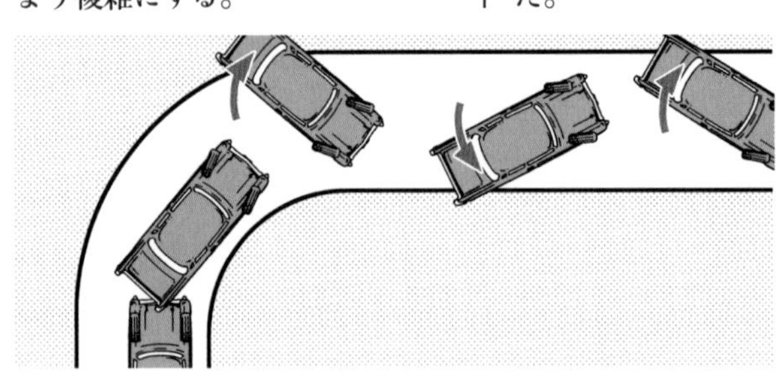

# 第4章 戦士たれ!

野生人の勇猛さを兼ね備えていなければ、文明人としての
男らしさが使い物になることはないだろう。
セオドア・ルーズベルト

本来、男は戦い、自己を守るようにできている。かつて世界は物騒で危険な場所であった。身を守れる男だけが次の世代へと遺伝子を残すことができた。いまも男はこの戦士の血を受け継いでいる。進化した現代社会において、われわれの多くは戦士として日々努力奮闘する必要はない。なぜなら軍人や警察官など少数のプロの戦士に安全を任せることができるからだ。

しかし、われわれは古代戦士の呼びかけに応えずにはいられない。

男は誰でも「自分と愛する人を守れるだろうか?」と自問したことがあるに違いない。われわれは比較的安全で平和な暮らしをしているが、それでも危機に遭遇することがある。しかも、その多くは突然訪れ、警察を呼ぶ時間はない。この章は君が敢然と危機に立ち向かう際の手引きとなるだろう。

# 57.ローバースクワット

スクワットは最も基本的な人間の動きの１つであり、身体で最も大きな大腿筋を使う。強くなるために、君は多くの大きな筋肉を使いたいと思うだろう。さぁ、ローバースクワットを始めよう。

ジムでスクワットをするとき、多くの人は僧帽筋の上にバーを置き、胴体は上を向いたままのハイバースクワットをする。筋力を高めるハイバースクワットを定期的にするメリットはあるものの、背筋を動かし、さらに重量を増したいのであれば、ローバースクワットに勝るトレーニングはない。

**構える――――**

**1：** バーは肩甲骨の下に置く。

**2：** ヒジを持ち上げる。

**3：** 胸部を上に向かせる。

**4：** 親指をバーの上にかける。

**5：** 身体の柔軟性に合わせ、両手はできるだけ狭くする。

**6：** 足は肩幅。

**7：** 足を30〜60度開く。

**下ろす――**

**1：**やや前屈みになる。乳首は床を向いている。

**2：**目と頭は下を向く。

**3：**ヒザを曲げる。

**4：**下ろす前に大きく息を吸い込み、持ち上げるまで息を止める。

**5：**バーを水平にしたまま身体を下ろす。尻をヒザ上より２～３センチ下まで下げる。

**6：**足の中央に重さがかかるようにする。

**上げる――**

**1：**腰を上げる。

**2：**頭と目は下を向いたまま。

**3：**背中の角度は変えず、肩と腰は同時に上げる。

**4：**上まで戻ったら、息を吐く。

# 58.デッドリフト

床にあるバーベルを直立した姿勢まで持ち上げるデッドリフトは、一見簡単そうに見えるが、この単純な動きに騙されてはいけない。デッドリフトは主として背筋を鍛える全身運動で、身体の芯、肩、僧帽筋、前腕の力も必要とする。

機能的に優れているだけでなく、デッドリフトはやっていて楽しい。何百ポンドのウエイトを引き上げることほど男らしいと感じるものはそうはない。

**構える——**

**1：**肩はバーの前に来る。

**2：**腕をヒザの横で垂直にする。

**3：**すねがバーに当たるまでヒザを折る。

**4：**足の中央にバーがくるように立つ。

**5：**ヒザの腱に重さがかかるまで腰を上げる。

**6：**足は腰よりもやや外側で、前に向けるか、少し開く。

**7：**手を肩幅に開き、両手で上から握るか、片手を上から、もう一方の手は下から握る。

**持ち上げる――**

**1：**頭は背骨と並行に。アゴを上げ、前を見る。

**2：**胸を上げるが、肩甲骨は閉じない。

**3：**胸は反るが、**背中を曲げたり、平らにはしない。**

**4：**バーを身体から離さない。腰とヒザが伸びきるまで、ヒザと太腿の前を上げていく。

**5：**後ろに反ったり、前屈みになったりしない。

**6：**カカトでしっかりと立ち、足を使って立つ。

**下げる――**

**1：**最初に腰を曲げ、その後にバーがヒザの高さまできたら、ヒザを折る。バーは身体から離さない。落としてはいけない。

# 59.ケトルベル

ケトルベルは砲丸にハンドルが付いた物のように見える器具で、ロシアの怪力男たちが「雄牛のように強くなる」ために２世紀以上にもわたり使用してきた。ケトルベルは私たちが知るトレーニング器具のうち、最も多用途な運動器具の１つで、生涯を通じてさまざまなトレーニングができるようになる。

**スモウデットリフト――**

**1：**足を肩幅よりも少し開き、ケトルベルの上に立つ。足は少しだけ外側に向けるのがいい。椅子に座る、あるいはアウトドアで用を足すように腰を下ろす。しっかりとカカトで立ち、ふらつくような姿勢をしてはならない。腕をまっすぐにしたまま、ケトルベルを両手で持ち上げ、直立する。肩をヒザよりも前に出してはいけない。背中と腕はまっすぐにしたまま、足を使ってケトルベルを持ち上げる。腕を曲げてはならず、また腰を使って立ってはならない。直立の姿勢になったとき、身体は垂直になっている。ケトルベルを床に下ろす。10回から20回、同じ動作を繰り返す。

**ツーアームスイング——**

**1：**足を肩幅に開き、ケトルベルをカカトの間に置いて立つ。椅子に座るように腰を下ろし、ケトルベルを両手でつかむ。腕をまっすぐにして肩がヒザの後ろにくるようにする。背中はまっすぐにしよう。体重はカカトにかかるようにする。相撲の四股を始めるときの姿勢と基本的には同じ姿勢だ。

**2：**腰を前に動かし、ケトルベルを前方に振る。身体の前の空気を切るような感じだ。

**3：**アメリカンフットボールでクオーターバックへボールをスナップするように、ケトルベルを尻の後ろに振る。ケトルベルが尻の近くにきたら、勢いよく尻を前方へ動かして胸まで持ち上げる。ケトルベルを持ち上げるとき、腕はまっすぐにして無駄な力を入れないようにする。胸の高さまでケトルベルを持ち上げたら、腕を下に振って、ケトルベルを尻の下に戻す。腰を前に動かして再びケトルベルを持ち上げる。ケトルベルを振るときは頭を上げ、背中をまっすぐにするのを忘れない。

**4：**時間を測りながらやるか、回数を決めてもいい。

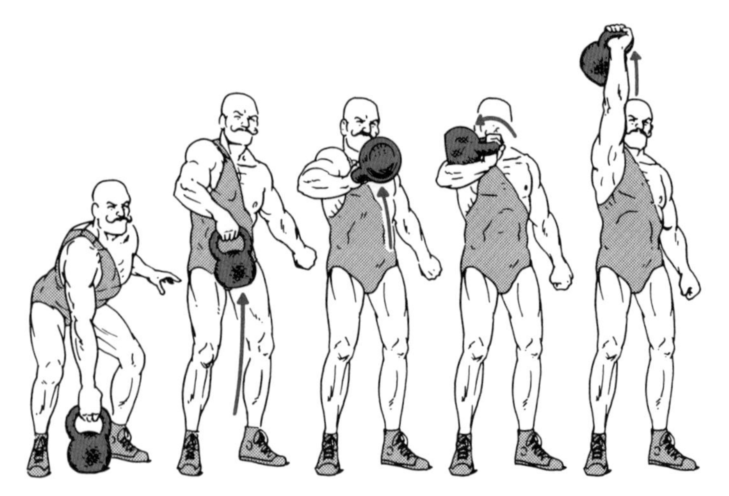

**クリーンアンドプレス——**
**1：**足を肩幅よりやや広く開き、少しだけ外側に向けて、ケトルベルの上に立つ。スクワットをして、順手にした片手でケトルベルのハンドルをしっかり握る。肩がケトルベルの上にくるようにし、背中はまっすぐなままにして前方を見よう。
**2：**以下は一連の動きだ。息を吸いながら、腰を前に出すことで、ケトルベルを床から引き上げる。肩を使い、力強くケトルベルを持ち上げる。ヒジを身体の横で折る。芝刈り機のエンジンスターターのロープを引っ張ることをイメージしよう。ケトルベルは可能な限り身体のそばで持ち上げる。
**3：**ケトルベルを胸の高さまで持ち上げたら、ヒジを回して、腕がケトルベルの下にくるようにする。ケトルベルを腕の外側で受け止める。ヒザはやや曲げる。手首をまっすぐにすると、ケトルベルは前腕と上腕二頭筋の間にくるだろう。この場所を「ラックポジション」と呼ぶ。息を吐く。
**4：**息を吸い、ケトルベルを腕から、頭上へ勢いよく持ち上げる。腕が伸び切ったら、息を吐く。
**5：**ケトルベルをラックポジションに戻す。スクワットをして、ケトルベルをゆっくりと足の間に下ろす。背中はまっすぐに、そして前方を見よう。この動作を繰り返す。

**ターキッシュゲットアップ——**

ターキッシュゲットアップは簡単に見えるが、効果絶大なエクササイズだ。初めてターキッシュゲットアップをするなら、軽い重さから始めよう。ケトルベルを持った腕はまっすぐにし、立ち上がるとき、目はケトルベルから離さない。ゆっくり身体を動かす。

**1：**仰向けになる。右手でケトルベルを持ち、胸の上で右腕を上に伸ばす。肩をしっかりと関節窩に入れるため、肩甲骨を引きつけて下ろす。広背筋も床に着ける。

**2：**右ヒザを折る。右のカカトは尻の近くにくる。左足は伸ばしたまま。左手を身体の横、45度の角度で伸ばす。手のひらは下に向いたまま。右腕は頭上で伸ばしたままで、目はケトルベルを見る。

**3：**右肩を持ち上げ、左ヒジで身体を支える。右腕は伸ばしたままで、ケトルベルは頭上にある。胸を張る。

**4：**左腕を伸ばす。右腕をまっすぐにしていることを忘れない。胸を張って、この姿勢を維持する。

**5：**右足を使って尻を持ち上げ、臀筋に力を入れる。身体はブリッジポジションになり、左手と両足だけが床にある。右腕は伸ばしたままで、目もケトルベルを見ている。

**4：**左足を後ろに回し、左ヒザで身体を支える。この姿勢がランジポジション（前足のヒザを90度に曲げ、後方のヒザは床に着ける）だ。右腕をまっすぐ伸ばしたまま立ち上がる。

**7：**おめでとう。君はターキッシュゲットアップを１回やったのだ。いままでの動きを逆にして、仰向けの位置に戻ろう。５回から10回やるのがいい。左手でもケトルベルを持ち上げる。

# 60.プッシュアップ

プュシュアップ（腕立て伏せ）ほど、身体を熱くする基礎運動はそうはない。多くの人は最初の体育の授業を受けて以来、プュシュアップを続けているだろうが、この運動を正しくマスターできれば、得られることは多い。細かい点に気を配り、強い身体を作ろう。

1

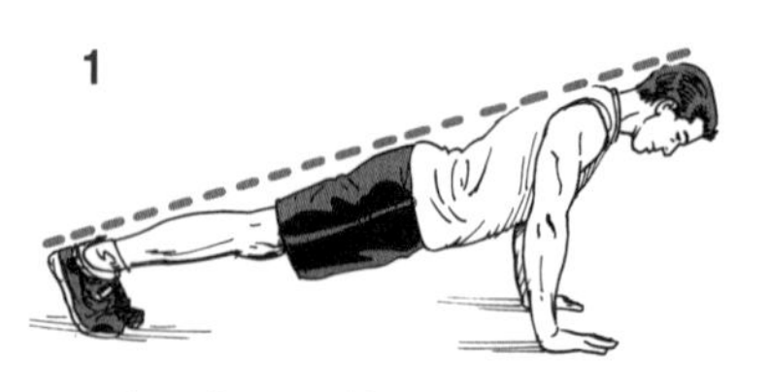

●手を肩の下に置く。
●足を揃える。
●足、背、首を一直線にする。
●臀筋を引き締める。

2

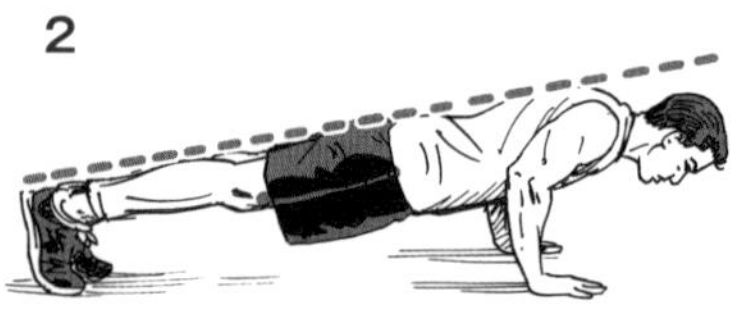

●地面に向かって身体を下ろすとともに、息を吸う。
●上腕二頭筋を身体のそばから離さない。
●足、背、首を一直線に保つ。

3

●胸が床に軽く触れるまで、身体を下ろす。
●身体の中心をしっかり保持しながら、上に上がる。

4

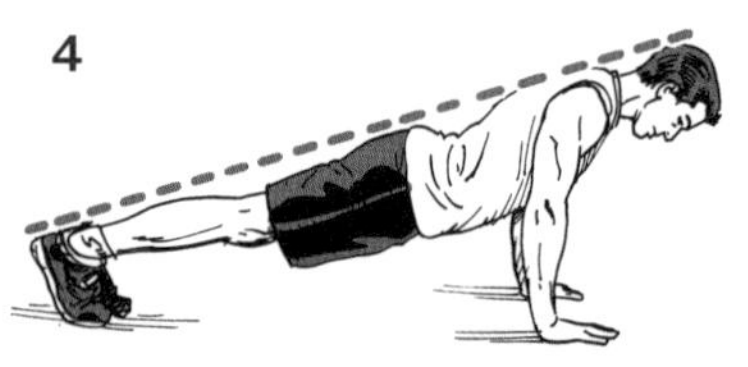

●身体を上げるときに息を吐く。
●最上部で腕を伸ばし切らない。筋肉に負荷がかかっている状態を保つ。

# 61.プルアップ

器具を使わずに上半身の筋力を得ようとするならプルアップ（順手懸垂）が最も有効な手段の1つだ。しかし誤った方法でプルアップすると、背中、関節、腕の腱に大きなダメージをもたらす。以下のステップにしたがって、正しいテクニックをマスターしよう。

●鉄棒を順手で握る。腕は肩よりも少し開く。
●足の振れを抑えるために足を組む。

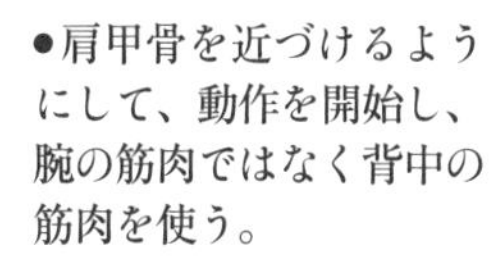

●肩甲骨を近づけるようにして、動作を開始し、腕の筋肉ではなく背中の筋肉を使う。

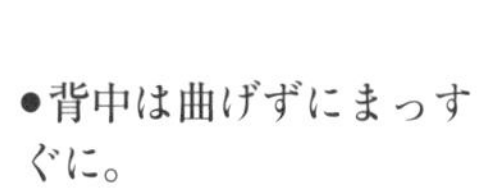

●背中は曲げずにまっすぐに。
●腹筋と臀筋を使って、足が振れるのを防ぐ。

●腕だけに頼るのではなく、上半身のすべてを使って身体を引き上げる。
●鉄棒の上にアゴがきたら、ゆっくり下がる。

# 62.監獄エクササイズ

世界各地の受刑者は舎房や運動場に用意された数少ない器具を使用して、効率的に身体能力を高めようと日々努力している。われわれも環境を理由にして目標をあきらめてはならない。プッシュアップ、プルアップ、ディップス、スクワット、レッグレイズ、バーピー（複数のエクササイズを繰り返す有酸素運動）など、自分の体重を使ったエクササイズはどこにいようとも筋力を高める素晴らしい運動だ。

**トランプ・エクササイズ——**

**1：**普通のトランプを用意する。マークに合わせて、どの自重トレーニングを行なうかを決める。たとえばクラブはプッシュアップ（腕立て）、スペードはプルアップ（懸垂）、ダイヤはスクワット、ハートはハンギングレッグレイズなど。

**2：**上からカードを取っていこう。マークがどの運動をするかを決め、カードの数が何回運動を繰り返すかを決める。絵札は10回で、エースは11回とする。すべてのカードがなくなるまでトランプを引き、エクササイズをする。

**3：**次ページのイラストのようなバーピートレーニングを10回続けるのが適量の運動だろう。このルーティンには注意が必要だ（注：素早く反復を繰り返すと、横紋筋変性を誘発する可能性がある。最初はゆっくり始め、身体をいじめ過ぎないように）。

コマンド・プルアップ

ハンギング・レッグレイズ

ピストル・スクワット

片手プッシュアップ

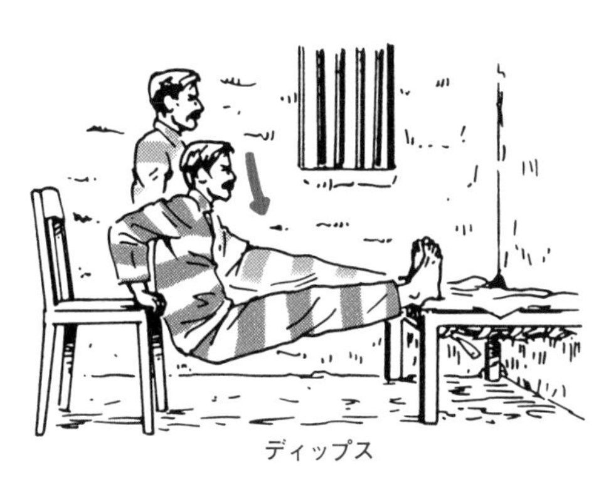

ディップス

**フアレスバレー法――**

**1：**『Jailhouse Strong』によれば、世界で最も危険なメキシコのフアレスバレー刑務所の囚人はこの反復運動を自重トレーニングとして行なう。

**2：**どのエクササイズをするかを決める。1つのサーキットでは1つの運動しか行なわない。たとえば、プッシュアップ（腕立て）をする場合、サーキットは20セットで構成される。反復法は以下のようになる。

- 第1セット：20回
- 第2セット：1回
- 第3セット：19回
- 第4セット：2回
- 第5セット：18回
- 第6セット：3回
- 第7セット：17回
- 第8セット：4回
- 第9セット：16回
- 第10セット：5回
- 第11セット：15回
- 第12セット：6回
- 第13セット：14回
- 第14セット：7回
- 第15セット：13回
- 第16セット：8回
- 第17セット：12回
- 第18セット：9回
- 第19セット：11回
- 第20セット：10回

**3：**奇数回では20回から始め、数を引いていく。偶数回では1回から始め、数を足していく。セットの間に5歩から10歩歩いて休憩し、再びエクササイズを始める。目標はこのサーキットをできるだけ早く終えることである。最終的には210回のエクササイズをしたことになる。

**必要なのは痛みに耐える精神と、**
**向上心だけである。**

**誰にもああしよう、こうしようという考えはあるだろう。**
**ただし殴られ、傷つき、辱めを受ければ**
**計画などはたちどころに消え失せる。**

マイク・タイソン（アメリカ人プロボクサー）

**タイソン流スクワット――**

元ヘビー級ボクシングチャンピオンのマイク・タイソンはこのエクササイズを刑務所にいるあいだ行なった。大した運動には思えないかもしれないが、とんでもない難物である。

10センチずつ離して、床の上に裏返しにした10枚のトランプ・カードを一直線状に並べる。最初のカードの前に立ち、スクワットして最初の１枚を取る。

このカードを持ったまま、２枚目のカードの前に進み、スクワットして、最初のカードを２枚目のカードの上に置く。手にしているカードはなくなり、２枚のカードは君の前にある。

スクワットして、上のカードを取る。再びスクワットして残りのカードを取る。前に進んで、３枚目のカードの上に立ち、スクワットして、手にしている２枚のカードのうち１枚を床の上のカードに重ねる。再びスクワットして、手にしている残りのカードを床の上のカードに重ねていく。

スクワットをするごとに１枚ずつカードを取っていく。３枚取ったら、４枚目のカードの前に進み、スクワットをする。10枚終わるまで、この動きを繰り返す。

# 63.ストレートパンチ

ストレートパンチ、あるいはクロスは圧倒的な破壊力を持つパンチである。パンチをした後も次のパンチを繰り出すのに適した位置を維持することができる。しかし、効果的なパンチを繰り出すには正しい打ち方をマスターしなければならない。以下は一連の動きだ。

**1：**対戦者の身体を上に向かせるよう、ジャブを数回繰り出す。

**2：**利き手の反対側の手でジャブを終わらせる。さぁ、これで利き手でストレートパンチを繰り出す準備が整った！

**3：**対戦者がガードを解いた瞬間、君はダイナマイトパンチを繰り出す！

**1：**ジャブした手と肩を後ろに下げると同時に利き手でストレートパンチを繰り出す。
**2：**このとき対戦者に次のストレートパンチを悟られてはならない。ヒジを外側に向けない。
**3：**野球のバッティングと同様に、後ろ足に力を入れ、腰を回して力強くパンチする。
**4：**虫を踏みつけるように、ツマ先に力を入れる。
**5：**右ヒザは左ヒザを向いている。

**1：**最大の力でパンチをするなら、対戦者の顔を狙ってはならない。顔の後ろを狙え！
**2：**一直線で拳を突き出したら、そのまままっすぐ腕を引く。
**3：**ジャブを繰り出し、反撃から身を守る。

# 64.アッパーカット

ボクサーの武器の中でアッパーカットは最もパワフルなパンチの1つであり、軽々しく、あるいは考えなしに使うものではない。アッパーカットはジャブやストレートパンチの終盤に放つもので、対戦者が近く、またアゴやみぞおちが守られていないときに繰り出すのが最適だ。ベストなアッパーカットとはしっかりとした姿勢でスムーズに体重と力を移動する動作である。

**1：**しっかりした姿勢を保つ。利き足と反対の足を前に出し、体重はツマ先にかける。

**2：**アッパーカットする腕の肩を下げる。

**3：**腰からアッパーカットの動作を始める。腰を前に動かし、後ろ足が持ち上がるにつれて、腰も上を向く。

**4：**ヒジを手首の後ろに残し、肩を動かしてパンチする。

# 65.素早く服を着る

兵士や救急隊隊員は、すぐに出動しなければならないときのために、最も効率的に被服を着用する手順を教えられている。状況が求めるのであれば、君も同じ方法で着替えなければならない。君に兵士や救急隊隊員が行なう方法を２つ伝授する。

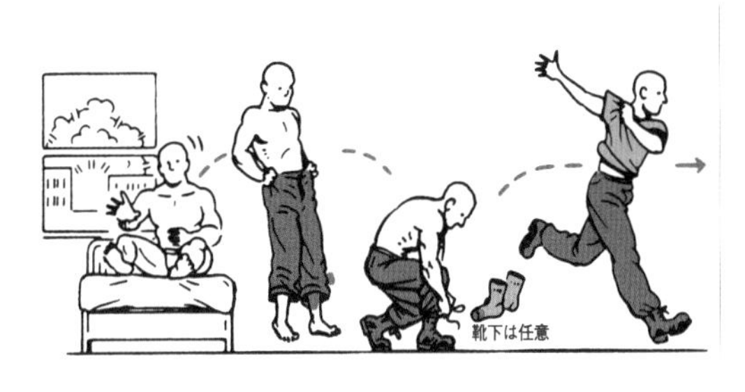


**素早く着る——**

**1：**ズボンを履く。

**2：**ブーツを履く。靴下は任意。

**3：**シャツを着る。

**さらに早く——**

**1：**前もってズボンを履かせたブーツに足を入れ、そのままズボンを引き上げる。

**2：**シャツを着る。

**靴下は履いて寝よう。**

# 66.拳銃を扱う

拳銃の取り扱いは恐ろしく、取り扱いにともなう責任は真摯に受け止めなくてはならない。拳銃は大きなダメージを与えることができる。軽率であってはならない。

**射撃の４つの基本安全則――**

**1：**すべての銃器は常に弾薬が装塡されていると考える。「まさか…」があってはならない。弾薬が入っていないことがわかっていても、入っているときと同じように扱う。

**2：**銃口は常に安全な方向を向ける。たとえ過失により発砲しても、物損は最小限にとどまり、対人被害をゼロにすることができる。

**3：**射撃するという意識的な決断を下すまで、引き金はもちろん、トリガーガードから指を離しておく。

**4：**標的や土塁の後方を必ず確認する。射線上に何があるかを知っておかなければならない。射撃場では心配する必要はないかもしれないが、侵入者を自宅から追い払う際には大きな問題となる。

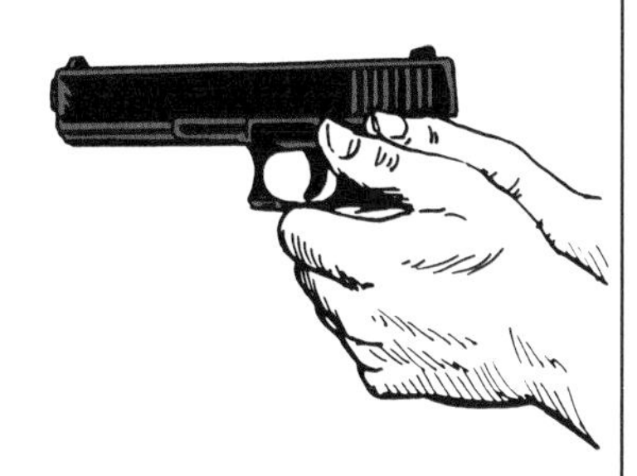

**1：**正しく拳銃を保持する。バックストラップ（グリップの後部）の高い位置をガンハンド（利き手）で握る。サポートハンド（利き手でない方の手）は、ガンハンドで握られていない部分のグリップ（銃把：じゅうは）をしっかり握る。サポートハンドの4本の指はトリガーガードの下にあり、人差し指はトリガーガードの下にしっかりと押しつける。

ガンハンドと同様、サポートハンドもグリップの上部を握り、親指は前方に向ける。スライドとフレームの境目の下がよい。手を後ろから見よう。ガンハンドとサポートハンドはパズルのようにしっかりと組み合わさったようになっているはずだ。

**2：**正しい姿勢で立つ。足と腰は肩幅ほどの間隔で開く。ヒザは少し曲げる。この「アスレチックスタンス」の姿勢で立てば、安定した射撃ができ、すぐに次の動作に移ることができる。銃を構えて目標に向けよう。

**引き金を引く前に**
**プロから安全教育を**
**受けよう。**

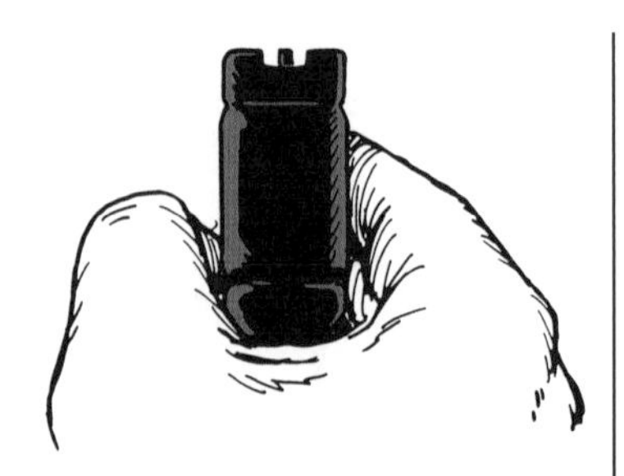

**3：**照準を合わせる。拳銃には前部にフロントサイトがあり、後部にはリアサイトの切り欠きがある。フロントサイトの上部とリアサイトの上部を合わせて、目標を狙う。

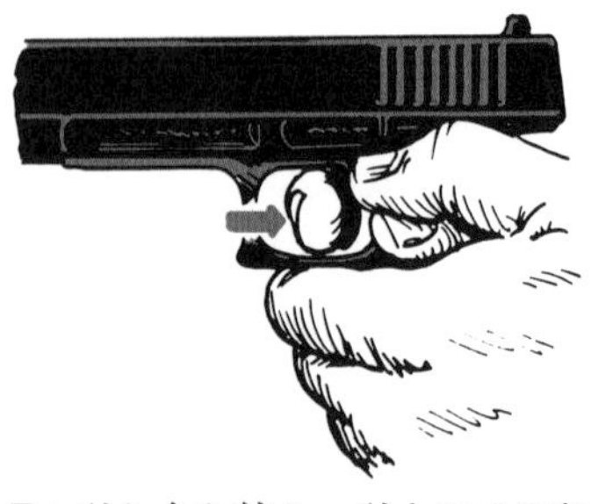

**5：**引き金を絞る。引くのではなく、引き金を後方に絞る。銃弾が飛び出すまで、徐々に力をいれながら、引き金に力を加えていく。引き金は横からではなく、確実に前方から後方に力を加える。

**4：**目標を狙うとき、君にはこのような図が見えているはずだ。拳銃で狙いを定めるとき、君には3つの物が見えている。フロントサイト、リアサイト、そして目標である。しかし3つのものに同時に焦点を合わせることは不可能だ。したがって3つの物のうち1つはぼやけて見える。正しい光景ではフロントサイトとリアサイトははっきりと見えるが、目標にピントは合っていない。

# 67.ダクトテープで縛られたら

ダクトテープの力を甘く見てはならない。ガタついた車のマフラーを固定する、ボートの穴をふさぐ、人質の腕を縛るなど、この粘着性のあるテープは強い固定力と携行性に優れている。もし君が犯罪者にダクトテープで手首を縛られたら、のたうちまわり、もだえ、噛み切ろうとしても、悲惨な状態から抜け出すことはできない。だが、素早く自由を取り戻したいなら、次の手順を試してみよう。

1：両手を高く上げる。

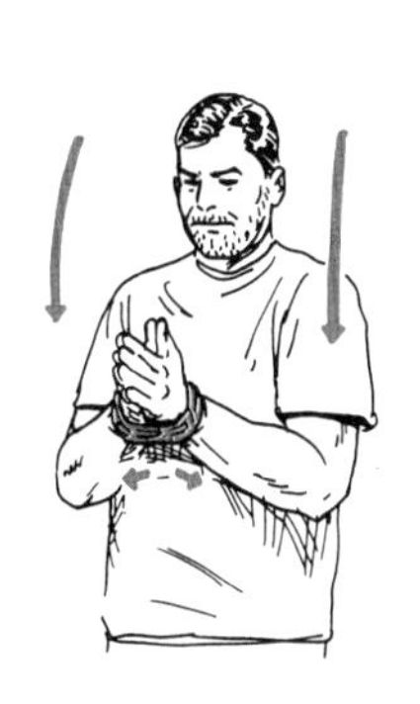

2：腕をできるだけ早く下げ、胴に手が届いたら手を離す。

3：ダクトテープが引き裂かれるまで同じ手順を繰り返す。

# 68.忍者のように歩く

忍び足で歩くスキルは、敵を奇襲する、同僚からクッキーを盗む、起こすことなく幼児が寝ているのを確認するなどのときに役立つ。

**1**：忍び足で歩くとき、息を止めようとするだろうが、そんなことをしてはならない。息を吐くとき、音は騒々しく、耳障りなものになる。ゆっくりと鼻で息をしよう。

**2**：注意深く周囲を確認する。足を置く場所に注意しよう。屋外では小枝、松ぼっくり、音を立てる枯れ葉、屋内ではおもちゃ、靴、テーブルの角などに気をつける。

3：身体のバランスを保つため、重心を低くする。足の幅は肩幅と同じくらい。ウエストの高さで腕を開く。腰を動かしてはならない。動かすのは足だけだ。

4：右足に重心をかけて、左足をそっと前に出す。

## 指と親指の付け根を先に

5：左足のカカトをそっと下ろす。ヒザを曲げ、ゆっくりと前傾姿勢をとることで、体重を母趾球（親指の付け根）にかける。

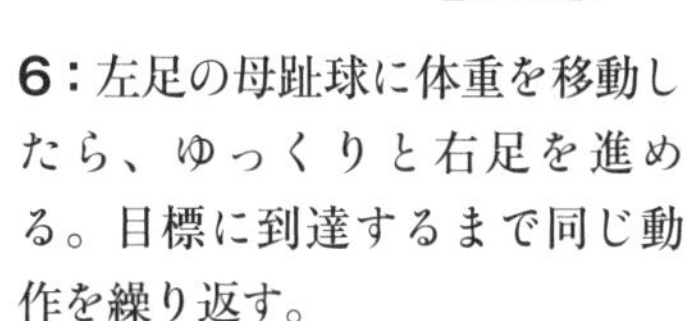

6：左足の母趾球に体重を移動したら、ゆっくりと右足を進める。目標に到達するまで同じ動作を繰り返す。

# 69.クーパー流「色別状況確認」

生死を分ける場面では、心理的ストレスから命を落とす者もいる。非常事態で動けなくなったり、任務の失敗を防ぐには、極度のストレスにどう対処するかを学ばなければならない。兵士、警察官、救急隊員などは、この心理的状況を色で表して客観的に対応する。

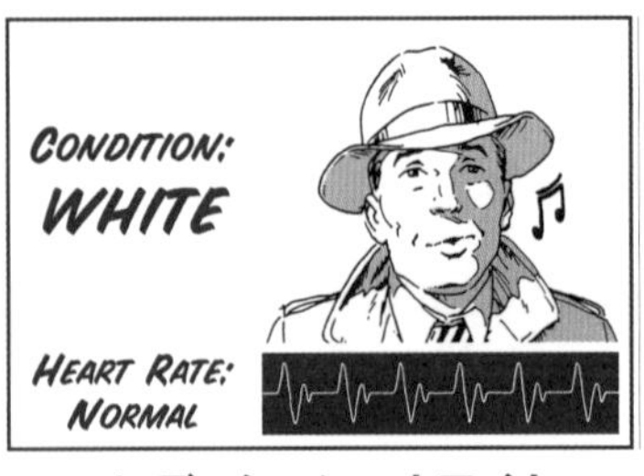


**コンディション・ホワイト**
**(心拍数：平常)**

油断していると敵に襲われる可能性があるが、周囲の状況はわからない。コンディション・ホワイトが許されるのは安全が確保された自宅にいるときや就寝時である。

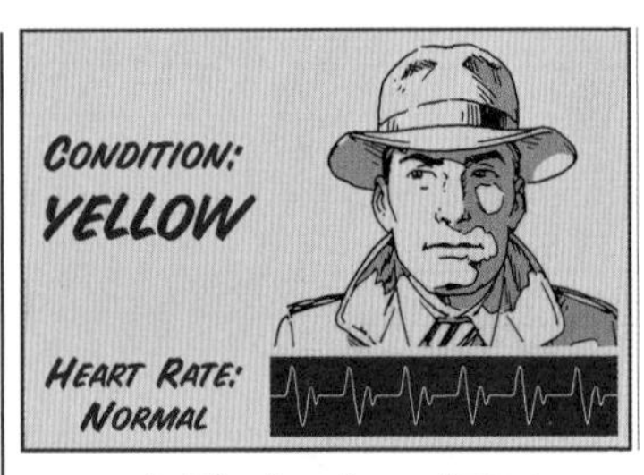


**コンディション・イエロー**
**(心拍数：平常)**

特定の脅威がなく、警戒しながらも安心して周囲の状況を観察することができる。空軍パイロットの多くは腕時計に黄色のシールを貼ることで、この状況下に置かれていることを忘れないようにしている。

## ストレスに効果的に対処するのであれば、緊張した状態で、身体がどう反応するかを知っておく必要がある。

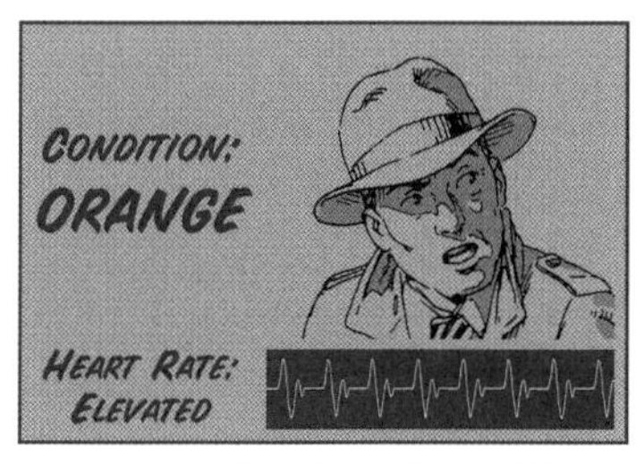


**コンディション・オレンジ（心拍数：上昇）**

特定の脅威が現実のものになる可能性を認識している。目標は、行動することではなく、反応が必要かどうかを判断することである。脅威が確認できたら、どう行動するかを計画する。ストレスは増し、心拍数も上昇するが、知的・運動能力に低下は見られない。

**コンディション・レッド（心拍数：115～145回／分）**

脅威を確認し、対処計画を実行に移す。アドレナリンが血流に流れ出し、心拍数は毎分115から145回になる。心身は戦術やサバイバルの場面で行動するにあたって、最適のレベルに保たれる。複雑な運動、視覚、知的反応はピークに達するが、何かを記入したり、結束バンドで被疑者を拘束するなど、繊細な作業を行なう能力は低下する。

**コンディション・グレー**
**(心拍数：145〜175回／分)**

心拍数は最良の数値を超え、毎分145から175回に達する。視野は狭まり、距離感や聴力が失われることもありえる。このような能力の低下はほかの脅威や無害の一般人を見誤る危険がある。銃の操作などの綿密な運動能力も失われるものの、走ることや跳ぶこと、引っ張ったり、押すなどの大きな運動の能力は最適なレベルに保たれる。

**コンディション・ブラック**
**(心拍数：175回／分以上)**

心拍数は毎分175回を超える。十分に訓練された隊員であっても、能力は大幅に失われる。コンディション・グレーの症状に加え、意図せずに排泄をしてしまうことがある。第２次世界大戦後に行なわれた匿名の調査では1/4の兵士が戦闘中に失禁し、1/8が脱糞を経験したことを認めている。血管が狭まることで血流は減少し、複雑な運動能力が低下する。前脳の働きは低下し、より原始的な中脳が脳を司ることから、理性を失った戦闘や逃亡、恐怖による立ちすくみなど、不合理な事象の発生が疑われるようになる。

# 70.状況認識を身につける

状況認識とは周囲で何が起きているかを知ることである。簡単に聞こえるかもしれないが、多くのトレーニングが必要だ。この技術は兵士や警察官が訓練で学ぶものだが、一般市民にも重要なスキルとなる。ほかの人より早く脅威を認識できれば、君は自分と愛する人を守ることができる。

### コンディション・イエローをキープする

状況認識に最適な心理的状況は、前述のクーパーの色別状況確認の「コンディション・イエロー」である。リラックスしながらも警戒を怠らない状態を維持することが重要だ。特定の脅威はないが、五感を駆使して周囲の状況を把握する。感覚は研ぎ澄まされているが、リラックスしてていい。落ち着いた立ち居振る舞いを実践することで、君に余計な注目が集まることはない。スマホから顔を上げて目、耳、鼻を使って静かに周囲の状況を観察する。

### ベースライン、異常、アクションプランを設定する

注意深いだけでは状況認識の熟練者とはいえない。どのような情報を求めているかを理解し、収集した情報を全体像の中で捉えることで、情報の意味を汲み取り、実行可能なアクションプランを立案する。

以下の「ベースライン（基準）」「異常」「アクションプラン」を設定することで、すべての状況を認識できる。

**「ベースライン」を設定する**

ベースラインとは平常な状況を指す。これは人によって、あるいは環境によって異なる。読書をする人、コンピュータで仕事をする人、静かに友人と話す人がいるような状況が小さなコーヒーショップにいるときのベースラインだ。大きなボリュームで音楽が流れ、曲に合わせて身体を揺らしたり、ジャンプを繰り返しながら、ステージを見る人がいる状況がロックコンサートのベースラインだ。

**「異常」に気づく**

ベースラインを設定することで異常事態を発見できる。状況認識のエキスパートで、海兵隊戦闘プロファイリングシステムの教官パトリック・ヴァン・ホーンによれば「異常事態とは起きるべきことが起きない、あるいは起きてはならないことが起きる状況」をいう。

## 行動するには何を探したらいいのか？

忙しい日常生活の中でどのようにすれば異常事態を察知できるようになるか？　新しい環境に入ったら、以下の質問を頭の中で問いかける。

●**ベースラインの質問**：何が起きているか？　雰囲気は？　自分が予想する「平常」は？　いつもの人の動きは？

●**異常事態の質問**：誰か、あるいは何か目を引くものはあるか？

重要な異常事態には、意識的、あるいは無意識なボディーランゲージも含まれる。

特に注目すべきは「支配的か従順か？」「快適か不快か？」「興味を覚える行動かつまらないと思える行動か？」のギャップである。

### 支配的か？従順か？

人は他人と仲良くしようと考える。したがって、人々は調和を求め、従順な行動をとる。支配的な行動は結果として異常となり、このような行動をとる者には注意しなければならない。図々しく、高圧的で、横暴な行動をとる者がいつも脅威とは限らない。状況が重要なのである。上司は部下に対して支配的に振る舞い、部下は上司に対して従順であろうとする姿はありがちである。しかし、顧客が店員に対して激しく支配的な態度をとることは尋常ではない。**目を離してはならない！**

**快適か？不快か？**

多くの人は通常、比較的快適な状況にある。バスに乗車しているときのことを考えてみよう。乗客は窓の外を眺めたり、本を読んだりして、みなリラックスしている。もし落ち着かない乗客がいたら、特別な注意が必要かもしれないが、必ずしも脅威とは限らない。そわそわしている乗客は仕事に遅れているのかもしれないし、親戚に不幸があったのかもしれない。しかし、**目を離してはいけない！**

よからぬことをたくらみ、不快な行動をとる人は「6時の方向（真後ろ）」を気にする。誰が後ろにいるかを肩越しに確認し、周囲に目を走らせている。多くの人は脅威があるとは感じていないので、このような行動はとらない。もし多くの人が何も気にせず立っている状況で肩越しに何度も周囲を見渡している人がいたら、注意を怠るな！

もちろん、周囲を気にする状況認識に長けた善人も「6時の方向」を気にする。正しい方法が身についていれば、このような行動に注目が集まることはないだろう。しばしば頭を動かしている人がいても、安全な人かもしれない。しかし、観察を続けてそれが明らかになるまでは疑ってかかる。

同時にすべての人が苦痛を感じる状況で、快適に振る舞っている人間がいたら、これも異常である。ボストンマラソンで捜査当局が爆破犯を発見した理由の1つは、多くの人がパニックを起こしているなかで、比較的落ち着いた男たちが監視カメラの映像に記録されていたからである。すべての人が不意を突かれた状況の中で、彼らだけが爆発が起きることを知っていた……。

### 興味を覚える行動か？
### つまらないと思える行動か？

多くの人は周囲の状況に対して注意を払っていない。多くの人は考えごとや、いまやっていることに夢中である。したがって、多くの人が関心を示さない特定の人や物に興味を持っている人は異常であり、観察を必要とする。

### アクションプランを立案する

**1：**「ベースライン」と「異常」の質問に答えが出たら、次の質問「異常事態を発見したら、どう行動するか？」を考える。

**2：**仮にコーヒーショップにいるとしよう。アクションプランを必要とする異常事態として「銃を持った男が侵入してきた」というケースが想定される。アクションプランは、状況によって異なるため、状況をよく分析しなければならない。もし君が裏口近くにいて、正面の入り口から強盗が入ってきたとする。このときの最良の行動はただちに裏口から脱出することだ。もし強盗が裏口から入ってきたら、最良の行動はただちに距離を詰めて強盗を無力化することかもしれない。

**3：**ベースラインを設定し、異常事態に気づいたら、アクションプランに従って行動しよう。この一連の行動が状況認識である。

# 71.ストレスに打ち勝つ

ストレスが高い状況下で完全に心拍数をコントロールすることはできないが、ストレスへの耐性を最大限（コンディション・レッド）にすることで、最高度の耐ストレスレベルを維持したまま長時間行動することは可能である。

**1：**銃撃戦などの極限状況で兵士や警察官が取り乱さず、冷静でいるために用いる「戦術呼吸法」をマスターしよう。ゆっくりと４秒かけて大きく息を吸い込む。息を４秒止める。ゆっくりと４秒かけて息を吐き出す。４秒間息を吸わない。呼吸をコントロールできるようになるまでこれを繰り返す。

**2：**瞑想する。瞑想はストレスをともなう思考を取り除くのに有効である。静かな場所に腰を下ろし、鼻から吸い込む空気と、口から吐き出す息に意識を集中する。もし悩みが生じたら、悩みを特定してから意識の外に出し、再び呼吸に意識を集中する。時間が経つにつれて、心は落ち着き、望まない考えを捨てる力が高まる。１日１回、10分間の瞑想から始め、20分間できるように少しずつ努力する。

**希望するレベルで行動することなど**
**できるはずもない。訓練で経験したレベルでしか**
**われわれは行動できないのだ。**

アルキロコス（古代ギリシアの詩人・傭兵）

**3：**イメージトレーニングをする。高いストレス状況をイメージできる戦士は、そうでない戦士に比べて大きな成果を得られる。

- 可能な限りイメージを鮮明にして、感覚や感情も思い浮かべる。
- 具体的な障害を乗り越える姿を想像する。失敗を想像してはならない。
- 戦術訓練とロールプレイにおいてもイメージトレーニングを実施する。

**4：**声に出して自分を教育する。極限のストレスに負けることなく、複雑な行動にのぞむためには、教官のように自分に話しかけることが有効だ。多くの警察官は射撃をする際に、息を吸う（Breathe）、リラックス（Relax）、狙う（Aim）、照準を合わせる（Sight）、引き金を引く（Squeeze）の頭文字、BRASSを声に出して言うように訓練されている。

**5：**現実的な訓練をする。兵士の間には古くからの言い伝えがある。「希望するレベルで行動することなどできるはずもない。訓練で経験したレベルでしかわれわれは行動できないのだ」。本気で自衛するなら、射撃場に行ったり、サンドバッグを叩く以上のことをしなければならない。ペイント弾を用いたサバイバルゲームや乱取り稽古を行なうことで、現実世界と同じプレッシャーの中で訓練できる。

# 72.銃撃事件に巻き込まれたら

FBI（米連邦捜査局）によれば、公共の場における銃撃事件は年々増えているという。事件への対応を協議する政治的な論争に加わるのではなく、ここでは不測の事態で何ができるかを話し合っておこう。銃撃事件の多くは2分以内に終了する。これでは警察も現場に駆けつけることはできない。もし銃声が聞こえたら、待っている時間はない。

**1**：銃撃戦に遭遇すると、多くの人の反応は“何もしない”である。誰もが恐怖で震え上がり、君も同じ行動をとるかもしれない。“何もしない”状況を克服するには非常事態が起きる前にどう動くかを想定しておくことである。アクションプランを準備し、前述の「クーパー流『色別状況確認』」の「コンディション・イエロー」（安心しながらも警戒）を維持する。平常のベースラインを設定し、異常に目を光らせ、「出口」がどこにあるか覚えておく。

**2**：銃声と悲鳴を聞いたとしよう。何をするべきか？　専門家は3つの選択肢があるという。「逃げる」「隠れる」「戦う」。この順番だ。

**逃げる——**

**1：**銃声を聞いたなら、アクションプランにしたがい、ただちに現場から脱出する。射線を横切らずに、できるだけ遠くまで逃げる。出口に向かうなら、ほかの人にもついてくるように伝える。安全なところに着いたら、警察に電話する。ほかの誰かが通報すると思ってはならない。

**2：**警察官が現場に到着したら、両手を見せて銃撃犯ではないことを知らせる。逃げながら、負傷者を助けようとしてはならない。最初に駆けつけた警察官であっても、犯人の排除を優先し、負傷者の存在に気を留めない。君が優先しなければならないのは安全なところへ逃げることだ。

**3：**開放的な場所で銃撃犯から離れていたら、障害物を弾除けに利用しながら、ジグザクに全力疾走する。動く者を射撃するのは経験豊かな射撃手でも難しい。銃撃犯の多くは正規の射撃訓練を受けていない。

## 隠れる――

**1：**状況によっては「逃げる」ことが最良の手段とはならない。銃撃犯の視界から隠れ、銃撃から身を守り、安全な場所に隠れる方法を選択しなければならないこともあるだろう。もしオフィスや学校にいたなら、鍵のかかる部屋を探す。鍵がかけられないならバリケードを築く。銃撃犯は簡単に殺傷できる犠牲者を探すため、バリケードを破るより、次の目標に向かう確率のほうが高い。ドアから離れ、キャビネットやデスクなど、銃弾から君を守るものの後ろに身を隠そう。可能であれば、トイレやクローゼットに隠れる。

**2：**明かりを消して、できるだけ静かにする。携帯電話はサイレントモードにする。バイブレーション機能も解除する。可能であれば警察に電話して、銃撃犯が建物内にいることを伝える。もし銃撃犯がそばにいて話ができないなら、電話をつないだままにして、通信指令員が事件の状況を聞けるようにする。

**3：**ドアがノックされても、警察官や消防士の姿が確認できなければ、ドアを開けてはならない。銃撃犯は人が出てくることを期待して「助けてくれ！」と大声を上げているかもしれない。

**4：**安全な部屋が見つからなかったら、遮蔽物の後ろや隠れられる場所でありながらも、銃撃犯の行動を監視できる場所に行こう。もし銃撃犯が通り過ぎたら、急いで逃げ出そう。仮に銃撃犯が動かなかったとしても、やむを得ない場合は攻撃することが可能になる。

## 繰り返す。「逃げる」「隠れる」「戦う」。<br>この順番だ。

**戦う——**

逃げることにも隠れることにも失敗した、あるいはこれらの行動が不可能な場合、君は最後の手段としてプランCの実行を決断しなければならない。プランCとは「反撃」である。しかし、この選択肢は絶対に反撃しなければならない状況に追い込まれたときに限られる（これは最後の最後の選択肢である）。銃はなくても、攻撃は速やかに、また二度と銃撃犯が立ち上がれないように実施しなければならない。

# 73.銃撃犯に反撃する

銃撃事件のシナリオでは、逃げることも隠れることもできない場合、最後の選択肢として生命をかけた戦いをしなければならない。

もし銃があれば、反撃にはいくつかのテクニックがある。しかし、銃を使って銃撃犯に反撃する方法は、本書の解説のレベルを超えたものであり、現実の社会でプロから実地に学ばなければならない。しかし、君が護身術の練習を受けていたなら、行動に出るにあたり、このスキルは大きな強みとなり、攻撃力と確実性を担保する自信もまた持てるだろう。

残念ながら、君が銃も黒帯もない平凡な男であったとしても、最後の選択肢として銃撃犯を取り押さえる役割を引き受けることはできる。

**1**：君の強みを知ろう……多くの銃撃犯は、被害者は好き勝手に動くか隠れると考えている。想定外の反撃は、銃撃犯のOODA（ウーダ）ループ（222ページ参照）を阻害し、その動きを緩慢なものにできる。銃撃犯の動きが鈍くなったら、たとえそれが数秒であっても、君は勝利の時間を勝ち取ったことになる。

**弾は一度に1つの方向にしか飛ばない。**

**2**：銃は一度に１つの方向しか撃てない……もし銃撃犯の後方あるいは横から近づくことができたら、銃撃犯は君を射撃するのは難しくなる。さらに数人で銃撃犯に反撃できれば、銃撃犯は君たち全員を同時に撃つことはできない。もし複数人で、違う方向から攻撃できるのであれば、単独犯は自分を守ることができなくなる。

**3**：攻撃的、暴力的であれ……いまは煮え切らない態度をするときではない。暴力的にそして勇猛果敢に攻撃を加えよう。殺傷力を行使し、銃撃犯が動きを止めるまで戦いを止めない。

**4**：武器を確保したのちに銃撃犯を制圧する……他人に危害を及ぼさずに犯人から武器を奪い取れるなら、早いに越したことはない。武器を確保したら、犯人の拘束に意識を向ける。最初に銃を強奪できる位置にいないこともあるだろう。その場合は相手の武器を取り上げるまで、最大限の暴力を銃撃犯に対して行使する。

**5**：銃撃犯の手から銃を取り上げることができなければ、できることをして銃をコントロールしよう……銃撃犯がセミオートマチックピストルを使っていたら、素早くバレル（銃身）を強く握る。銃身の方向をコントロールできるだけでなく、銃弾が発射されても、スライドが後退せず、次の弾薬をチェンバー（薬室）に装填されるのを阻止できる。

**6**：即席の武器を使う……椅子、消化器、傘、ベルト、コーヒーカップを探せ。１本のペンがあれば、君の威力を数倍にすることが可能になる。物を銃撃犯に投げつける。ケガを負わせることができなかったとしても、銃撃犯はひるみ、君は戦闘を終わらせる時間を稼げる。銃撃犯の視覚を奪おう。強力な照明を銃撃犯に向ける、顔に向けて消化器を噴射する、あるいは熱いコーヒーをかけるのもいい。銃撃犯が感覚を失ったら、急襲し、取り押さえよう。

**7**：チームとして動く……銃撃犯に反撃するには、人数は多ければ多いほどいい。チームワークにより、犠牲者は減少し、厳しい戦いに勝利することが可能になる。前述したように、多くの人の自然な反応は“何もしない”である。戦いに挑む明確な意思を示して先頭に立とう。勇気は伝わる。

# 74.ナイフ攻撃から身を守る

「銃撃戦にナイフの出番はない」と言う人もいるが、これはナイフによる攻撃を受けたことのない人のセリフだ。ナイフを効果的に使用するのに大したテクニックは必要なく、ナイフを使って攻撃する人間がターゲットを外すことはまずない。もし君がナイフによる襲撃に驚いているようなら、対処のチャンスはまずないと言ってよい。ナイフで武装した襲撃者に尾行されていることに気づいたら、以下の方法を使って生存の確率を高めよう。

**1：**走れ！……ナイフの光が見えたなら、できるだけ早く逃げろ。襲撃犯から早く逃れることは、ブルース・リーのように敵からナイフを取り上げようとするよりも何倍も賢明だ。たとえ立ち向かって生き残ったとしても、君は切られたり、深い傷を負ったり、刺されるかもしれない。

**2：**「スプリットXブロック」を使おう……走り去ることが選択肢ではない場合、ナイフによって刺されたり、切りつけられたりすることを防ぐことが目標になる。ナイフを使って前から突くことは簡単で効果的であるため、襲撃者は前から攻撃しようとするだろう。このような攻撃

を阻止する1つの方法が「スプリットX」である。襲撃者の腕が前に伸びてきたら、両腕を使ってXを作る。同時に腰を引く。襲撃者の腕は君の左右の腕に挟まれ、ナイフが君の身体に当たるのを防ぐ。

**ナイフによる攻撃は厄介で危険である。君ができる最良の反応は、ナイフの光が見えたら、襲撃者から可能な限り遠くに逃げることだ。**

**3：**襲撃者の腕を制圧する……襲撃者の腕をブロックしたら、腕を抑える。「スプリットX」で使った上側の腕を使って襲撃犯の腕をしっかりとつかむ。上の手と持ち上げた下の手をきつく握りしめる。締め上げた上腕部をテコにして襲撃者の腕の動きを封じる。

**4：**ヒザで襲撃者の顔を強く蹴り上げる……君が腕を組んでいたなら、襲撃者の顔は蹴るのに最適な位置にあるはずだ。襲撃者がナイフを落とすまで、強く顔を蹴り続ける。

# 75.結束バンドから逃れる

ホームセンターで購入できる一般的な結束バンドは家屋への侵入や誘拐事件で罪のない一般市民を束縛するのに多く使われるようになった。しかしながら、少しの練習と正しいテクニックがあれば、結束バンドから逃れることができる。われわれはすべての方法を試した。すべての方法は有効で、80キロの張力に耐えられる大きな結束バンドであっても無効化することは可能だ。

**抜け出す——**

**1：**不幸にして束縛されそうになったら、拳をしっかり握り、手の甲を上に向ける。これにより手首が太くなり、すり抜けるときに必要なスペースを確保できる。

**2：**結束バンドで拘束されたら、拳を開き、手首を動かして、手のひらを内側にして合わせ、脱出を試みる。きついかもしれないが、鍵となるのは親指を出せるかどうかである。手の位置がさまざまであってもこの方法は有効であり、最初に試してみるのがよい。

**結束バンドを切断する——**

**1：**歯を使って、結束バンドをきつく締め上げる。そしてロック部が手の間に来るようにする。結束バンドはきつければ、きついほど、切りやすい。

**2：**手を頭の上に動かし、腹部へ素早く下ろす。ヒジを鶏の翼のように開き、両方の肩甲骨が互いに触れ合うかのように動かす。この動きをすることで結束バンドの最も弱い部分であるロック部が壊れる。

**ロックを外す——**

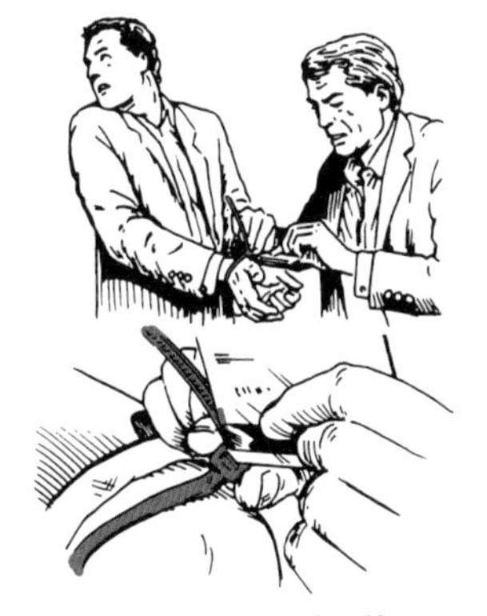

**1：**なんらかのくさびを使って、結束バンドのロックを外そう。結束バンドをよく見ると、小さなロッキングバー（ヘッド部のツメ）が使われていることがわかる。ロッキングバーをセレーション（ストラップ部）から持ち上げることができれば、結束バンドは簡単に外せる。

**2：**さまざまな物を使って、ロッキングバーを持ち上げることができる。爪、ピンやイラストのようにクレジットカードも使える。ロッキングバーを持ち上げ、セレーションを引き抜こう。この方法は複数の人が捕らえられ、助け合える環境の方が容易であるが、単独でもできる。

# 76.車のトランクから脱出する

車のトランクは“移動する留置所”以外の何物でもない。もしトランクが閉められ、車が動いていれば、脱出のチャンスは限られる。最良の時を待とう。車に誰も乗っていないときや、ゆっくりと走っていると考えられるときがいい。高速道路を走っていたら、トランクを開けても、状況は好転しない。正しいタイミングで静かに、そして素早く行動できれば、君の脱出が成功する確率は高くなる。

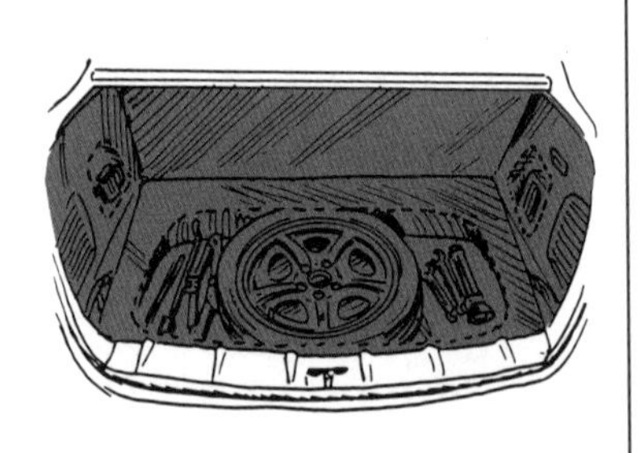

**1：**脱出に役立つ道具を探す。スペアタイヤを搭載している車であれば、トリムの内側には懐中電灯やバールなどの道具が入っている可能性が高い。

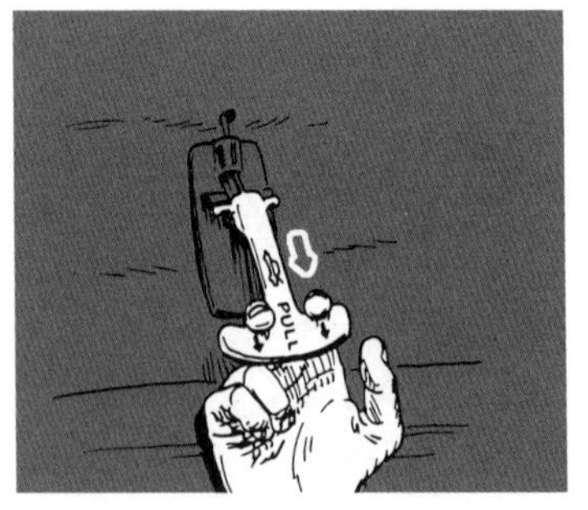


**2：**2001年以降に発売されたアメリカ車にはトランクリッドの中央部に暗闇でも光るトランクリリースハンドルがある。ハンドルを引こう。

## 車のトランクは移動留置所以外の何物でもない。

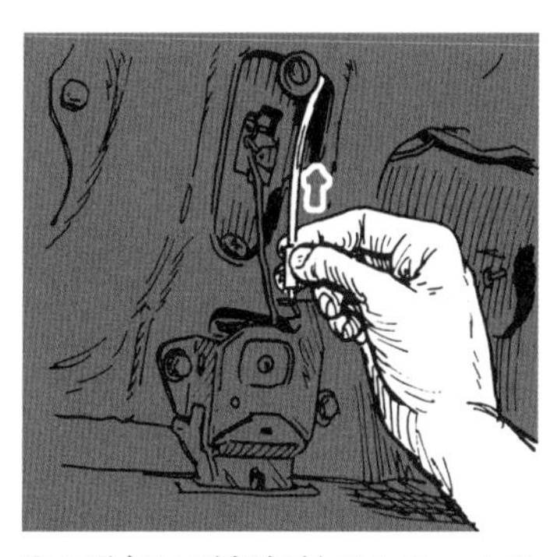

**3：**近年は電気信号でトランクを開ける車も多いが、ケーブルでトランクを開ける車であれば、運転席からからトランクまで伸びているトランクリリースケーブルがある。トランクの運転者側にあることの多いこのケーブルを探し出し、前方に向けて引いてみよう。

**4：**シートレリーズケーブルを引く、あるいはシートを蹴って後部座席に逃れる。

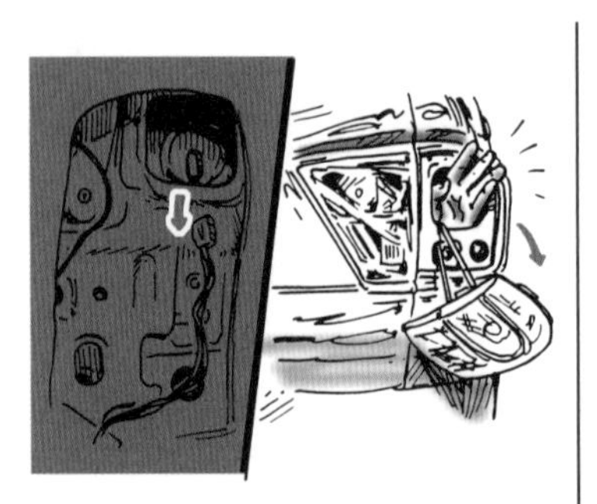

**5：**ブレーキランプを蹴り出し、開口部を作り、後続のドライバーに救助が必要なことを伝える。

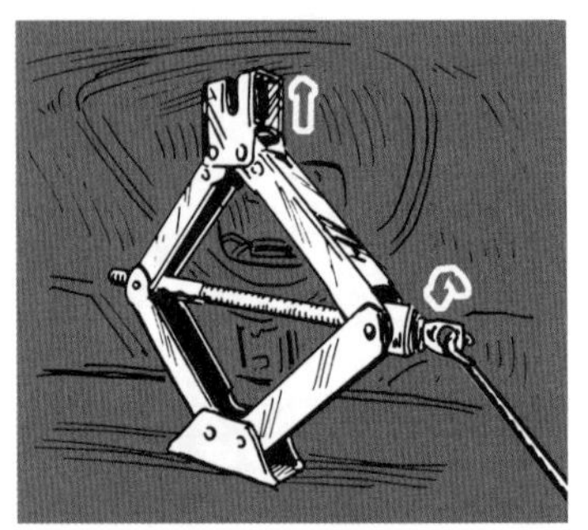

**6：**スペアタイヤを搭載している車であれば、ジャッキを探して、這い出る隙間を作るか、救助が必要なことを伝えられるよう、トランクリッド（トランクの蓋部分）を開ける。

# 第5章 家族を大切にする

家族とともに自宅で過ごすことで、人間社会で
最も高邁な美徳が生まれ、培われ、養われる。
ウィンストン・チャーチル（第61.63代イギリス首相）

家庭は人生の実験室である。家族のあいだでわれわれは人間の成長に必須かつ重要なスキルを学び、練習する。父からハンマーの扱い方を習い、母からは絶品のレシピを教わる。そして両親、兄弟姉妹との絶えることのない交流から、愛、許し、犠牲、妥協を学ぶ。

年齢や地位は関係なく、君には家庭の男としての役割がある。もし君が息子だとしよう。君には両親の世話をする務めがある。もし君が父親なら、子供が高い道徳心を持った有能な大人になるよう、家庭の生活様式を作る責任がある。もし君が伯父・叔父であるなら、甥・姪が自宅では許されない危険なことを教える尊い義務がある。もし結婚しているなら、君はパートナーを支え、信頼に足る友人でなければならない。もし君がすべてに当てはまるなら、君の責任と特権は家系図の上下に及ぶ。君は幸運な男だ。

# 77.コミュニケーション能力を高める

男の幸せ、成功、そして花開く人生において大きく寄与するもののうち、愛に満ちた関係は最も重要なものである。このような関係を築き、また維持していくのに必要な要素はコミュニケーションである。しかし、残念ながら、大切な人との健康でポジティブな意思の疎通を図る方法を教わる機会は滅多にない。したがって、話し合いが不毛な言い争いとなり、結果として結びつきを損ねてしまうことを多くのカップルが経験している。同意できないことでも前向きに話せるカップルは、論争を別れに導くような問題に発展させない。以下は、君が愛する人と会話をするにあたり、意見の相違を効果的かつ公正に扱うためのガイドラインである。

**1：**批判を避け、感情的な言葉使いはしない。

**2**：「君」や「お前」を使って非難しない。

**3**：過去を問わない。

**4**：否定的な比較をしない。

**5**：身振りは寛大で受容力のあるものにする。

# 78.宝箱を大事にする

男にとって小物箱（ディティボックス）は、時を超えた宝物だ。ネクタイピンや腕時計など日々必要とする品物だけでなく、思い出をしまうのに小物箱は最適である。ある日、君の子供は男の宝物を引っ掻きまわし、君が生涯を通じて集めた興味深い逸品の物語を聞きたがるだろう。

夕方、鍵をガチャガチャ鳴らせて、父が玄関を入ってくる
のをわれわれは書斎で待ち構えた。そして書斎を駆け出る
と『お帰りなさい』を言う。着替えのために部屋に入る
父を追いかけ、ポケットから出てくるものを珍しい宝物の
ようにまばたきもせずに見つめた。子供たちは印象的な場面
を細部まで記憶する。テーブルの上に置かれた小箱に
入れられる装飾品を『宝物』と呼び、その言葉と装飾品の
一部は次の世代に贈られた。私の子供たちも小さかった頃
は私が着替えに部屋に入ると、ぞろぞろとついてきた。
そして水兵から贈られた小箱に入っていた装飾品を
少しずつ分け与えると、彼らは狂喜した。

セオドア・ルーズベルト

# 79.出産を助ける

出産におじけづいてはならない。突然の出産で手助けしなければならない状況であっても、男ができることはいくつもない。君がしなければならないのは、出産の流れが自然に進行するよう努めることだけだ。母親のために、静かで、衛生的で、安全な環境を作り、訓練を受けた救急隊隊員が到着して残りの務めを果たすのを待とう。

**1**：電話で助けを求める。消防に電話して、救急車を呼ぶ。通信指令員は次のステップへの適切なアドバイスをしてくれるかもしれない。

**2**：清潔なシーツを敷き、清潔で乾いたタオルをたくさん用意して、出産の場所を用意する。

**3**：手をヒジまでしっかりと洗い、乳児に細菌や汚染物が付着しないようにする。

## 赤ちゃんを強引に引き出そうとしてはいけない。

**4：**産婦の指示に従う。産婦が力んでいるのなら、彼女を励ます。乳児の頭が産道から見えてくるはずだ。へその緒が乳児の首に巻きついていたら、やさしく絡みを外そう。

---

## へその緒は切らない。

**5：**生まれたばかりの乳児をきれいにする。鼻、目、口がふさがっていたら、付着物を拭き取り、乳児が冷えないようにする。乳児を産婦の胸の上に乗せる。

---

**6：**出産から15分から30分すると、産婦は胎盤を排出する。救急隊が到着していないのなら、胎盤の排出を手伝う。落ち着いて救急隊の到着を待つ。君はいい仕事をしたのだ。自分を褒めてやろう。

# 80.赤ちゃんを抱く

試行錯誤しながら、多くのことを学んで、父親になっていく。しかし子供がやってくるまでに腕を磨いておくことで、新しい父親になる経験をスムーズなものにできる。赤ちゃんの世話に関する次の数ページを読めば、赤ちゃんにケガをさせてしまう心配はなくなる。赤ちゃんは君が考えるほど虚弱ではない。ガキは丈夫だ。

肌と肌で触れ合い、抱くと、赤ちゃんは落ち着き、リラックスする。心拍数、呼吸数、血圧は落ち着き、体温は維持される。泣き声もおさまる。そして、抱くことで親子の絆は深まる。赤ちゃんが生まれたら、数週間はワイシャツを脱いで、おしめをした我が子を抱こう。

どのような抱き方であっても、赤ちゃんの首、下半身、小さい背中をサポートすることを忘れてはならない。

# 81.赤ちゃんにげっぷをさせる

赤ちゃんはお乳を飲むときに空気まで吸ってしまう。げっぷはこの空気を排出するためだ。もし哺乳瓶で授乳をしているのなら、60から90ミリリットル飲むたびに、そして授乳が終わったら、げっぷをさせてあげよう。もし赤ちゃんが泣いたり、お乳をたくさん戻すようなら、さらに頻繁にげっぷをさせてあげよう。背中を優しく叩くか、円を描くようにこすって、げっぷをさせる。

# 82.おむつを替えよう

新生児はうんちとおしっこの製造機である。こんなに小さい人間がたくさんの排泄物を出すことにびっくりして腰を抜かすかもしれない。新生児のおむつは2時間に一度替えると考えたらいい。科学は自分で自らの汚れを処理する新生児を生み出してはいないが、大きくなるにつれて、おむつを替える頻度は少なくなっていく。

**おむつを（野球の）ダイヤモンドのように広げる。**
**君はバッターボックスにいる。2塁をホームベースに**
**向けて折り、赤ちゃんをピッチャーマウンドに乗せる。**
**1塁と3塁を重ねて、ホームベースとともに**
**ピンで留める。雨が降ったら、**
**ゲームは中止で、最初からやり直しだ。**

ジミー・ピアソール（MLB外野手）

**1：**ダメージを評価する。どんな状況になっているかわからないが、心の準備だけはしておく。小さなナゲットくらいのものが待っているだけかもしれないし、危険な爆発があったかもしれない。もし後者だったら、徹底的にきれいにするため、風呂場に連れて行く。

**2：**必需品を用意する。清潔なおむつとおしり拭きを4～5枚用意し、赤ちゃんの横に置く。

**3：**位置につく。人工ミルクをあげていたのなら、強い臭いがすることを予想する。母乳なら、それほど臭いはしない。もし赤ちゃんが男の子だったら、小さなスプリンクラーを作動させるかもしれないので、横にいて攻撃をかわそう。

**4：**汚れたおむつをゆるめ、足首に手をかけて足をやさしく持ち上げ、お尻を露出させる。汚れたおむつのきれいな部分を使って、身体についてしまったうんちを後ろから拭き取る。

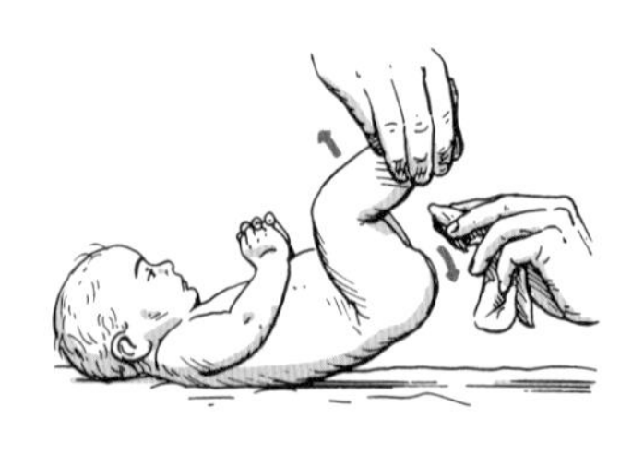

**5：**お尻拭きを手に取り、前から後ろへと拭いていく。この動きをすることで、尿道炎の原因となるバクテリアが陰部に入ることを防ぐ（とくに女の子であれば重要だ）。使用済みのお尻拭きは汚れたおむつの上に置こう。そして、赤ちゃんの足を持ち上げたまま、汚れたおむつを取る。

**6：**お尻拭きと一緒に汚れたおむつを丸める。おむつの粘着テープを使って、小さな塊にして、ビニール袋に入れ、口を縛る。

**7：**赤ちゃんのお尻を軽く叩いて、乾かす。おしりが赤かったり、炎症が起きていたら、症状に応じて、A＆D（ラノリンとペトロタラム）かおむつかぶれ用クリームを塗る。

**8：**新しいおむつを身体の後ろに滑らす。おむつの後ろには粘着テープがついている。赤ちゃんをここに寝かす。

**9：**おむつの前の部分を持ち上げ、粘着テープを留める。おむつが外れないよう、しっかりと留めたいが、きつ過ぎると血流が遮られてしまうので、ほどほどにする。紙おむつの多くには足の周りにギャザーがついており、ギャザーが外側に出ていることを確認する。確認を怠ると、漏れの問題が発生する。

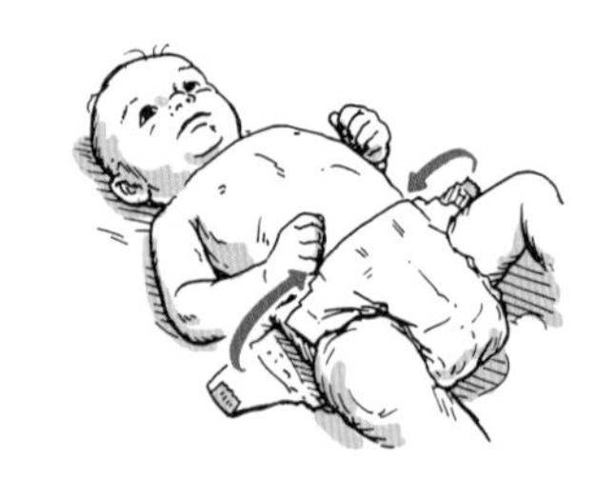

**10：**赤ちゃんとハイタッチしよう。

# 83.赤ちゃんをあやす

（正気でいたい）新米パパにとっていちばん大切なスキルは、泣いている赤ちゃんをあやすことである。赤ちゃんがたくさん泣くか、あまり泣かないかは君の親としての経験が考えていたよりも難しいか簡単かによる。残念ながら、幸せな赤ちゃんを授かるか、ギャーギャーと泣き叫ぶ“つむじまがり”を押しつけられるかは選べない。しかし、赤ちゃんが泣くには通常、理由がある。赤ちゃんには困ったとき、泣く以外にコミュニケーションをとる手段がないのだ。

**1：**どうやったらブンブンと飛び回るうるさいミツバチをなだめるか、頭の中でチェックリストを使って、状況を把握しよう。

- げっぷをさせる：188ページ
- 汚れたおむつを替える：189ページ
- おなら：仰向けにして、自転車に乗っているように赤ちゃんの足を動かす。あるいは優しくお腹を円を描くようにマッサージするのもいい。シメチコン（胃腸ガスの消泡剤）や腹痛止めのシロップなどの市販薬を使ってもいいが、誰にでも効果があるわけではない。
- 不快：暑くないか？　寒くないか？　服はきつすぎないか、チクチクしていないか？
- 孤独：世界は大きく、馴染みのない場所だ。赤ちゃんが目覚めて、誰もいなければ、ただ抱っこして欲しくて泣いているのかもしれない。
- 過度の刺激：新しいものが一度に登場すると、赤ちゃんは圧倒される。どこか静かな場所へ連れて行き、リラックスさせてあげよう。
- お腹が空いた：お乳をあげよう！

●疲れた：寝かせてあげよう。
●発熱：体温計は必ず用意しなければならない。発熱していたら、乳児用解熱剤をあげてもいいが、服用量は必ず医師と相談して決める。

## 赤ちゃんがどんなに泣こうとも、君は禅の修行者であることを忘れるな。

もしこのチェックリストを使用してもうまくいかないなら、ほかのイライラがあるのかもしれない。以下の解決法を試してみよう。

**2：**おしゃぶりを与えてみる。すべての赤ちゃんがおしゃぶりを口にするわけではなく、またメリット・デメリットがあるが、新生児を静かにする不思議な力がある。

**3：**電動スイングに赤ちゃんを乗せる。電動スイングには一部の子供たちをなだめる魔法の力がある。

**4：**産着でくるむ。赤ちゃんはきつく包まれることを好むようだ。子宮にいた頃を思い出すのだろう。

**5：**掃除機を動かそう。子宮は驚くほどうるさい場所だ。ホワイトノイズ（訳注：一定の大きさで鳴るシャーという音）を再生することによって赤ちゃんは安心する。

**6：**ドライブに行こう。すべてがうまくいかなかったら、赤ちゃんをベビーシートに座らせて、ドライブに出かけよう。

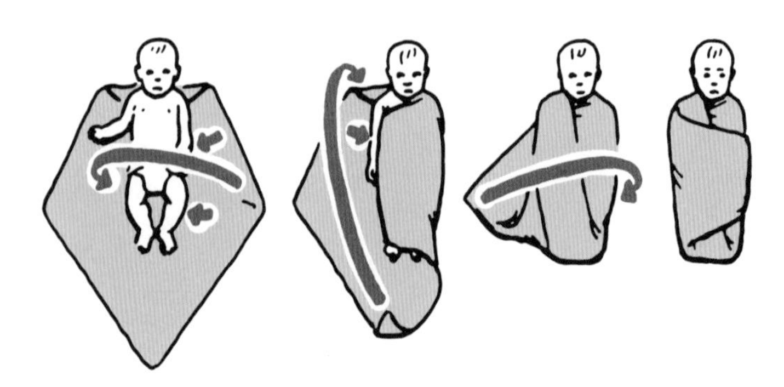

**7：**コリック（訳注：さまざまな不快感から乳児が頻繁に泣く、あるいは夜泣きする症状）であることを認める。以上のことをしても泣き止まない、あるいは週のうち3日以上、3時間泣くことが3週間続いたら、赤ちゃんはコリックにかかっているのかもしれない。原因は不明である。『The Happiest Baby on the Block』が提唱する5つのS―Swaddle（くるむ）、Stomach/Side Position（腹這いや横にしてみる）、Shush（静かにする）、Swing（やさしく揺らす）、Suck（授乳）―を試す。多くの場合、問題は4～6か月で解消するはずだ。

**8：**冷静でいよう。赤ちゃんの泣き声は頭に鳴り響き、君の身体に生理的反応を引き起こす。君は汗をかき、心拍数は上がり、身体はストレスホルモンであるコルチゾールを分泌する。コルチゾールにはほかのストレスの要因と同じ方法で対処しよう。泣き声から身を離し、「自身に大丈夫だ、これは騒音だ」と言い聞かせる。戦術呼吸（166ページ）をしてみる。もし脳がショートしそうになったら、ベビーベッドのような安全な場所に赤ちゃんを入れ、ドアを閉めて、赤ちゃんの泣き声が聞こえない別の部屋に行き5分間休憩しよう。赤ちゃんは大丈夫だ。赤ちゃんが少し泣いたとしても、君が我を忘れるよりもいい。

# 84.赤ちゃんとエクササイズ

父親になりたての頃は、ジムでエクササイズをするのが難しいだろう。しかし赤ちゃんとベビーシートを使って君は多くの運動ができる。エクササイズの道具にされる赤ちゃんは手荒くあやされることを喜ぶだろう。

ただし、君の赤ちゃんがエクササイズに耐えられるようになるまで、このような運動をしてはならない。ぶん回すのなら、乳児は首が座り、自分で座れるようになっていなければならない。

ベイビーケトルベルスイング
(幼児を腕の下あたりの胴で抱く。脇ではない)

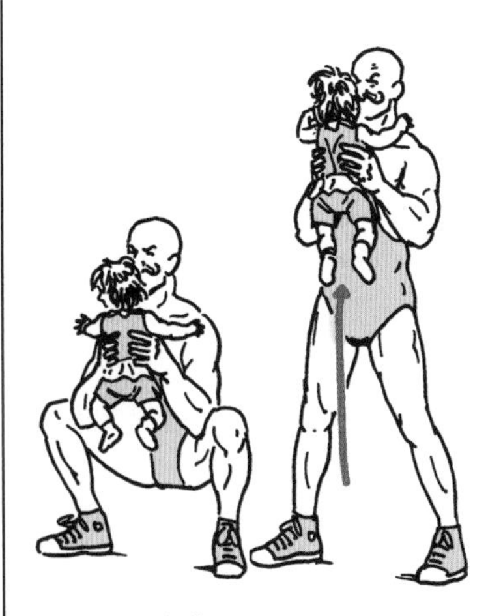

幼児とゴブレットスクワット

幼児とメディシンボールトス

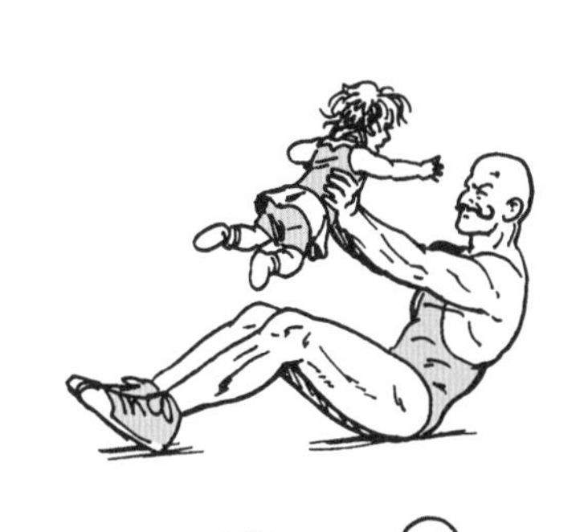

幼児とトルソーローテーション

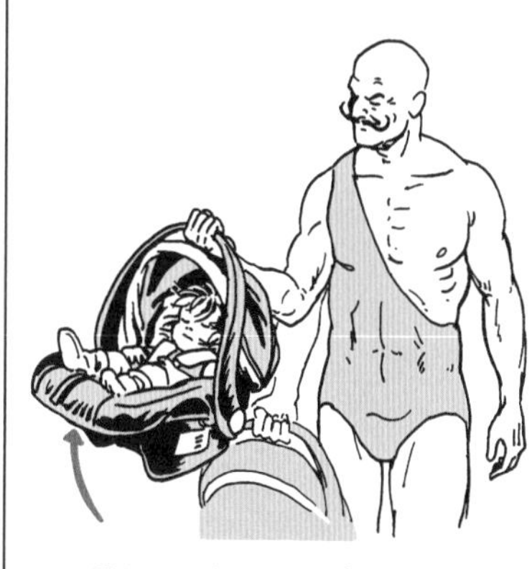

幼児とバイセップカール

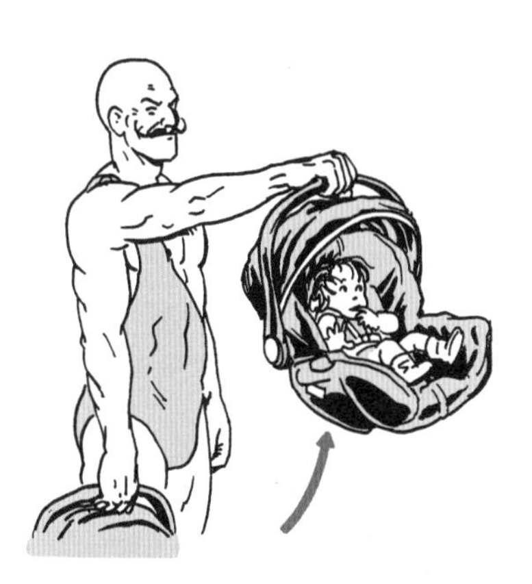

幼児とフロントレイズ

# 85.サンタクロースになる

君の家族がクリスマスを祝い、サンタクロースは幼児の魔法の世界では特別な存在で、嘘ではないことに賛同するなら、君にはサンタクロースを演じる特権がある。これは大きな責任だ。8歳くらいまでの子供の人生で、君は夢を叶える陽気で太った老人の役割をすることになる。うまくやれば、子供たちは魔法の時間を数多く想像して大喜びするだろう。もししくじったら、君の子供は小さいながらもクリスマスを小馬鹿にするようになる。

**1：**プレゼントは隠そう。サンタクロースのプレゼントを親の部屋のクローゼットで発見したとき、サンタクロースの夢は壊される。6歳か7歳になると、子供たちはサンタクロースの物語に疑問を抱くようになり、家宅捜索をすることで、クリスマスの戦利品を探すようになる。子供たちを侮ってはならない。かくれんぼうに関して、彼らはプロであり、人目につかない場所に精通している。もし自宅に秘密の場所がないなら、家の外にプレゼントを隠そう。オフィスでもいいし、サンタクロースのいたずらに手を貸してくれる友人宅に預けてもいい。

**2：**レーダーでサンタクロースを追尾しよう。わんぱくな小僧は現代のガジェットを使って、真実を確認しようとする。NORAD（北米防空総司令部）ではクリスマスイブに、世界を駆けめぐるサンタクロースの位置情報を提供する。この真に迫ったレーダーの画像を子供に見せて、サンタクロースが旅しているのは本当なんだと伝えよう。

**3：**子供を寝かそう。子供たちに『クリスマスのまえのばん』や『ポーラー・エクスプレス』を読んで聞かせ、ベッドに入れてしまおう。しかし、子供たちはなかなか寝つけないだろう。子供たちは翌朝に手に入れる素敵なプレゼントのことを考えて、クリスマスイブは興奮している。

君と奥さんが事を始めるにあたり、子供たちが深い眠りについていることを確認しよう。サンタクロースは睡眠探知機を持っており、眠っている子供の家にしか来ないと伝えてもいい。

もし言うことを聞かないのであれば、エッグノッグに少しラムを入れた飲み物を蓋のついたカップに入れて与えてもいい。

**エッグノッグにラムを入れた飲み物は冗談だ！**

**4：**おもちゃの組み立てをすませよう。自転車のようなプレゼントは組み立てを必要とする。がちゃがちゃ音を立てて工具を扱うことを避けるため、組み立ては自宅以外の場所で行なうのがいい。もしできないなら、必要な工具は日中に用意し、取扱説明書を読んで何をするか理解しておく。時間は限られている。頭を抱え込んで、どう組み立てるのかを考える時間は短ければ短い方がいい。

**5：**プレゼントをクリスマスツリーの根元に起き、靴下をお菓子でいっぱいにしよう。プレゼントはクリスマスイブの前に包んでおき、当日はツリーの下に置くだけにする。

君か奥さんがプレゼントを用意し、もう１人は靴下をお菓子でいっぱいにする。そして、お菓子とプレゼントを守り、クリスマスの前哨戦を戦う。以上がプロからの助言だ。

**6：** プレゼントを置くときはいたずらっ子に警戒しよう。子供たちは判で押したようにベッドから抜け出して、サンタクロースを覗き見しようとしたり、サンタクロースがツリーの根元に戦利品を置いたかどうかを確認しようとする。できることなら、プレゼントが用意されているリビングルームへ向かおうとする子供たちを阻止しよう。もしベッドに戻らなければ、プレゼントは一塊の石炭になると脅す。

もし子供たちを止められず、君の行為が見つかったら、嘘をついて子供たちがサンタクロースへの信仰を続けられるようにするか、サンタクロースはいないという悲しい現実を伝えよう。（嘘ではあるが）楽しい方の選択肢を選ぶのなら、子供たちには君と君の奥さんはプレゼントの交換をしているだけで、サンタクロースはもう来たよと伝える。子供たちを急ぎベッドに帰し、君は仕事を済ます。

**7：** 証拠を残そう。夜中に忍び込む男とは異なり、サンタクロースは数多くの証拠を残す。暖炉のそばの絨毯に煤の足跡を残そう。ミルクを飲み、クッキーを食べて、お皿に食べかけを残す。もし子供たちがトナカイのためにニンジンを用意していたら、かじりかけのニンジンを暖炉に置いておく。クリスマスツリーに金色のボタンを置いておくのもいいだろう。子供たちにはサンタクロースのスーツから外れ落ちたに違いないと伝える。

**8：** ベッドに入ろう。たくさんは眠れないかもしれないが、できるだけ身体を休めよう。クリスマスには精力的に動かなければならない。

# 86.スマホなしで幼児をあやす

スマートフォンを使うことで、私たちは多くのことを効率的にできるようになった。暇な時間をつぶすのにもいいし、必要な情報を得ることもできる。しかし人生において最も価値のある行動はアナログである。テクノロジーが氾濫する世界へ若い世代が歩み出すとき、古典的な楽しさで満たされた土台がしっかりと構築されていることは重要だ。次に子供の面倒を見ることになったら、スマホで馬鹿馬鹿しい動画を見せたり、くだらないゲームをさせてはならない。テクノロジーに頼ることなく、楽しい時間を過ごせることを教えてあげよう。

**1：**本を読む。登場人物ごとに熱を入れて違う声を出す。

**2：**自然の中を歩こう。植物の名前を教え、虫を探す。

**3：**「どっちの手」のようなゲームをする。片手に何かを乗せて握りしめ、背中に手を回して、握ったものを手から手へ動かす。そしてどっちの手に握られているかを当てさせる。

**4：**『きらきら星』『ゆかいな牧場』『めえめえ黒羊さん』などの簡単な歌を教える。

**5：**色鉛筆、水性マーカー、チョークをつかって形や数字を教える。

**6：**表情や声を変えて、どちらが可笑しいかを競う。

# 87.家族をVIP待遇する

家族持ちの君には安全を保証しなければならないVIPがいる。君の奥さんと子供たちだ。君にはプロのボディガードの力量はないかもしれないが、家族の世話をするにはボディガードの精神を拝借できる。

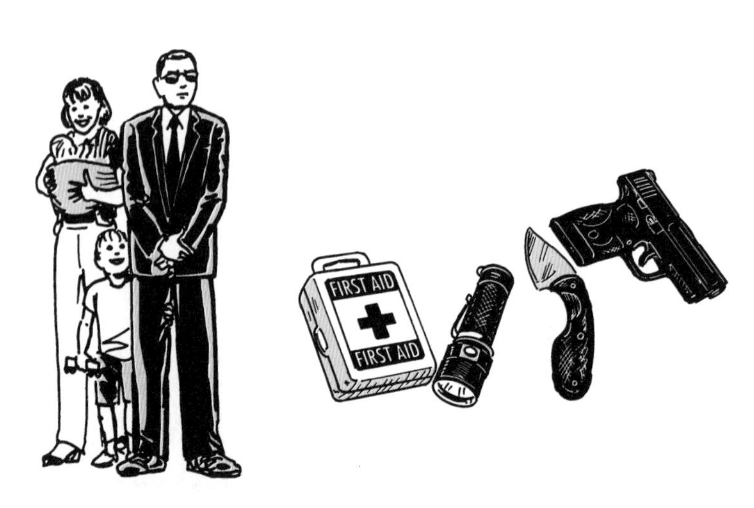


**日々携行するものを考えよう――**

軽いケガの手当てをするために、車には救急用具を入れておく。銃撃事件や同じような事態が発生した際に備えて、止血帯も忘れない。少なくとも（救急隊を呼ぶために）携帯電話と強力な懐中電灯は用意しよう。明るい懐中電灯は暗闇で脅威の存在を明らかにし、敵の目をくらませるのにも有効だ。即席の武器にもなる。

**武器の携行を検討する——**

家族を守るために、武器を携行するかどうかの決断は君にしか下すことができない。銃器を携行する際は、自衛を目的とした銃器の使用に関する法律を理解し、定期的に訓練を受ける。使い方がわからずに携行する、あるいは射撃を定期的に練習していないのであれば、それは大変危険なことである。銃器を携行したくない、あるいは銃器の携行が禁止されている地域に住んでいるのであれば、ナイフを持つことができる（自治体によってはこれも禁止されている）。もし武器を持ちたくないなら、必要に応じて、即席の武器となるタクティカルペンを持つのがいいだろう。目立たずに持ち運ぶことができ、合法である。（訳注：日本では刃渡り6センチを超える刃物はもちろん、タクティカルペンの携行も軽犯罪法により禁止されている）

**危ない場所から立ち去れ——**

ボディガードにとって最高の結果は、VIPが負傷せず、また困惑することなくその日を過ごせることである。君の任務も同じだ。家族と出かけるとき、外出先では周囲に気を配る。もし安全と思えなければ、その場を立ち去る。被害妄想にかられる必要はないが、家族を守ることに躊躇してはならない。

**状況認識を怠らない——**

観察に適した場所に行こう。レストランでは眺めのよい席に案内してもらい、人の出入りに注意する。ベースライン（162ページ参照）を設定し、君の運命を変える者がいないか異常に目を光らせる。意図は顔（特に目）に現れるが、1人ひとりを睨んではいけない。楽にしていていい。手と顔に目をやり、異変を見逃さない。忘れないでほしい。異変があったとしても、いつも脅威とは限らない。

計画を立てよう。行く先々で、もし異変に気がついたら、どう行動するかの計画を事前に立てておく。もし誰かが非常口から映画館に入って来たらどうするか？　子供がただで映画を観ようと忍び込んだのかもしれないし、銃撃犯が入って来たのかもしない。警戒のレベルを上げ、もし侵入者が暴力的な動きをしたときにどう対処するかを決めておく。

**もし揉め事が起きたら、その場を立ち去れ——**

状況を悪化させてはならない。命を失いかねない差し迫った状況が発生したら、君が優先しなければならないのは家族の安全だ。多くの場合、家族を可及的速やかに避難させるのがいい。逃走は防御において最初にしなければならないことである。もし逃げることが不可能なら、家族を守るために行動する。反撃は常に検討するべきだが、最後の手段である。君の任務は事態をそこまで悪化させないことである。

**家族を最初に乗車させよう——**

家族が車に乗るときは車の後ろに立つ。もし家族が乗車する前に君が車に乗り込んでいて、襲撃が起きたら、君は戦術的に不利な立場となる。襲撃犯だけが脅威ではない。車をバックさせている老婦人は、君の子供が目に入っていないかもしれない。

## 用心はするが、変人には見えないように。

**前の車のタイヤが見える位置に停車する——**

悪漢から逃げるため、1970年代のＴＶ番組『ロックフォードの事件メモ』からその名がついたＪターンをする状況はまずないとしても、交差点では前の車のタイヤが見える位置で停車する。

# 88.完璧なオムレツを作る

朝食の代表的な卵料理といえばオムレツである。シンプルなプレーンオムレツ、ハムとチェダーチーズのオムレツ、あるいは肉やチーズ、野菜を入れたものも悪くない。オムレツは独身者が素早く調理できるし、父親が土曜日の朝に家族のために作る料理としても最適だ。

**1：**中くらいの大きさのフライパンを中火で温める。野菜やハムなど、オムレツに入れる具材を3〜4分かけて炒める。

**2：**卵を3個泡立て、塩と胡椒で下味をつける。

## 完璧なオムレツを作るのに必要なのは手際の良さである。

**3**：卵と野菜をフライパンに入れ、１分ほど何もせずに加熱する。次にゆっくりと卵を外側から中心へと動かす。

**4**：卵が固くなってきたら、フライ返しを使ってひっくり返す。料理が得意なら、イラストのようにフライパンの縁を使ってひっくり返す。

**5**：チーズを片面にふりかけ、もう１分加熱する。

**6**：皿に載せるときに、オムレツを半分に折る。30秒ほどそのままにするとチーズは溶ける。召し上がれ！

# 89.カッコいいおじさんになる

おじさんは魔法の世界に存在する。姪や甥の面倒を見るだけの年齢になっているが、子供の気持ちがわからないほど歳はとっていない。高飛車な忠告をすることもないし、野暮なことはせずに楽しませてくれる。しかし、バランスを保ちつつ、カッコいいおじさんになるのは簡単なことではない。

**1：**適切なタイミングでアドバイスする。もし質問があったり、誰かと相談しなければならなくなったときは、いつでも相手をすると伝えよう。

**2：**おじさんは楽しさとカッコよさの大家である。ジョーク、なぞなぞ、不思議ないたずらを勉強しておこう。

**3：**誕生日と祝日には素敵なプレゼントをする。何も思いつかないって？　包装紙できれいに包まれた贈り物ならいつでも喜ばれる。

**4：**ベビーシッターになろう。兄弟姉妹を助けることになるし、姪や甥と一対一で有意義な時間を過ごすことができる。

**5：**運動会を参観したり、定期的に電話をかけたり、訪問することで、終始変わらぬかけがえのない存在になろう。

**6：**姪や甥とだけではなく、どのような人との関わりであっても紳士でいよう。君は子供たちのお手本になるのだ。

# 90.いたずらを披露する

カッコいいおじさんに欠かせないのはちょっとしたいたずらである。君のいたずらに姪や甥は目をぱちくりして、笑いころげるだろう。

**空中浮揚——**

**1**：姪や甥の前に立ち、子供から見て45度の角度で背中を見せる。子供たちには左足と左足のカカト、右足のカカトだけが見えるようにする。

**2**：手のひらを下にして、大袈裟に両腕を上げよう。

# 子供たちは遊びが大好きだ。一緒に遊ぼう。

**3：**腕を下ろし、子供たちには見えない右足のツマ先を使って、身体を持ち上げる。このとき両足のカカトは離さない。子供たちには君が浮き上がるように見えるはずだ。

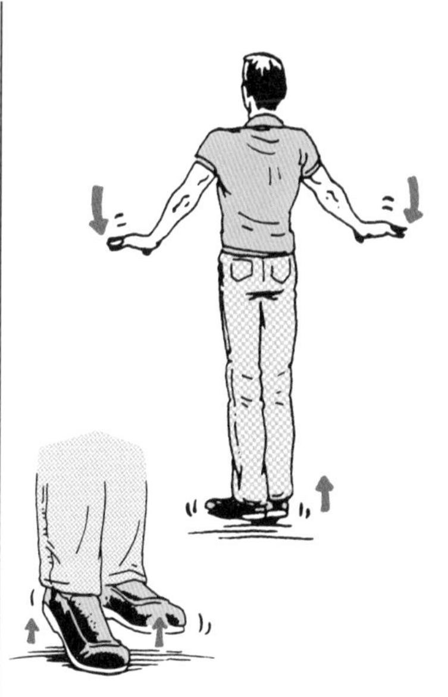

**4：**2～3秒、身体を上げたままにしてから、ゆっくり下がる。あるいは、突然、魔法が消えたかのように大袈裟に下がってもいい。

**ロールパンをバウンドさせる――**

食事の席でのいたずらだ。ロールパンを床でバウンドさせる。朝食でドーナッツをバウンドさせてもいいし、その他のパンやクッキーを使ってもいい。テーブルクロスがあって、何が起きているかを隠せる方が、このトリックはうまくいく。

子供たちに見えるのは…

**1**：君がロールパンを床に投げる。

**2**：ロールパンが床に落ちる音が聞こえる。

**3**：跳ね返ったロールパンが見える。

**4**：勝ち誇ったかのように、ロールパンを受け止めるおじさん。

---

実際に起きているのは…

**1**：床で足音を立てる準備をする。

**2**：足でトンと音を立てて、ロールパンが床を打つ音を真似る。

**3**：パンを上に投げる。

**4**：ロールパンをキャッチする。姪や甥が拍手をするのを待とう。

**おじさんの役目は子供たちが考えつかない**
**いたずらを教えることである。**

**草笛を鳴らす——**

**1：**厚みのある草の葉を両手の親指で挟む。

**2：**親指を口に当てて、息を吹き出す。親指の間から甲高く、騒々しい音がしたら、成功。

## とっておきのいたずらを子供たちは楽しみ、大人たちは困惑する。

# 91.水切りを楽しむ

水切りはキャンプやピクニックで、格好の暇つぶしになる。もし君が１人なら、考えごとをする際の気晴らしになり、友人と一緒なら会話がはずむ。父と息子は何世代にわたって池のほとりで石を手にして人生の意味を語り合ってきた。水切りは君が息子や娘に伝えることのひとつである。

**1：**正しい形の石を選ぶ。均一な厚さがあり、手に収まり、テニスボールより軽い石がいい。重すぎると石は水面を跳ねない。

**2：**中指と親指で石を持つ。人差し指は石のふちにかける。

**3：**やや身体を曲げて、水際に立つ。石を持って、サイドスローするように腕を伸ばす。

# 〈思索〉の地に種を蒔き、〈行動〉を収穫する

マイスター・エックハルト(中世ドイツの神学者)

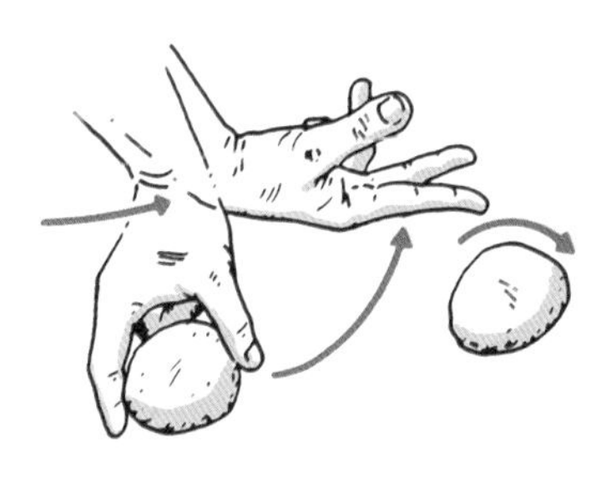

**4：**手首を後ろに向け、石を離す直前に素早くスナップをかける。回転させることで石は水面を跳ねていく。

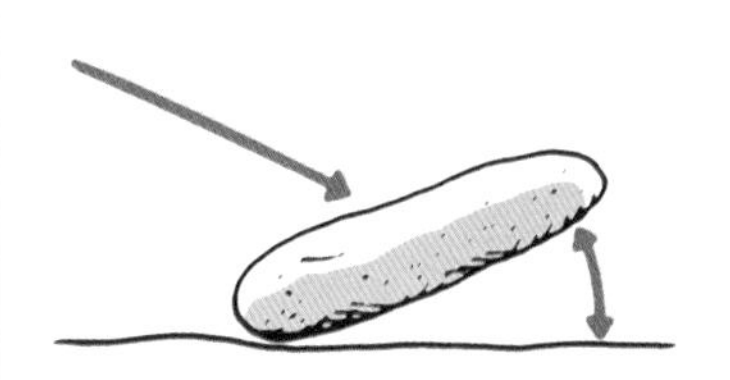

**5：**遠くに向け、そして下向きに投げる。石が複数回水面を跳ねる最適な角度は20度だ。科学者たちがそう言っている。

**6：**子供たちと水切りを楽しもう！

# 92.世界最高の紙飛行機

2000年前に中国で作られた最古の紙飛行機から、飛行機の構想を確かめるためにレオナルド・ダ・ヴィンチが作った羊皮紙製の飛行機まで、紙飛行機は何世紀にもわたって、人々の心を魅了してきた。数百フィートも上昇し、30秒以上も滞空する折り方もあるが、われわれはシンプルで高性能の「ハリアー」がいちばん好きだ。

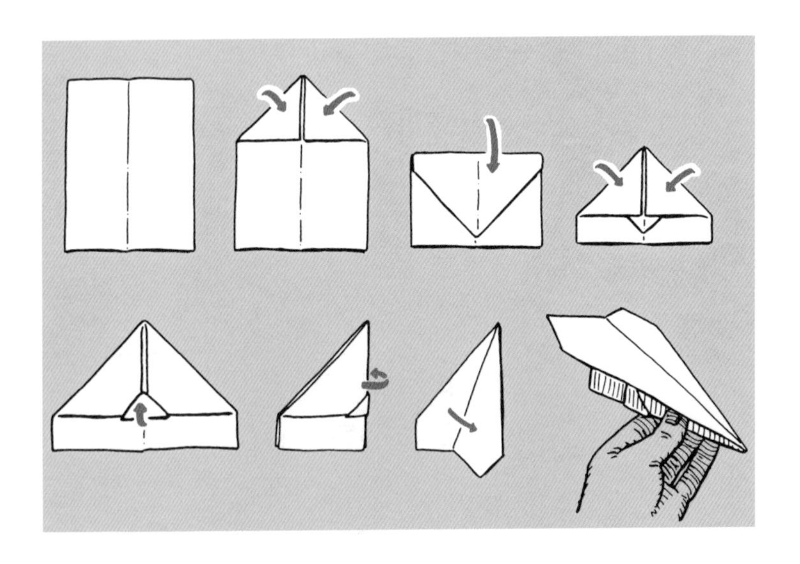

# 第6章 リーダーシップに学ぶ

リーダーシップとは、自らが望むことを
率先して他者に実行してもらう技術である。
ドワイト. D. アイゼンハワー（第34代合衆国大統領）

歴史をひも解くと、リーダーはまさに必要とされるときに現れる。独立戦争のワシントン、南北戦争のリンカーン、第２次世界大戦のチャーチルのように、彼らはまるで危機を待っていたかのように姿を見せる。しかし、彼らの経歴を詳しく見ると、厳しい試練や献身の末にリーダーシップを身につけたことがわかる。

有能な軍人・政治家になる前、ジョージ・ワシントン大統領は、独立戦争の初期の戦いで大敗北を喫している。偉大なる奴隷解放論者として知られるエブラハム・リンカーン大統領も事業に失敗し、何度も選挙で敗れた経験をもつ。ウィンストン・チャーチルは第１次世界大戦時に英海軍大臣であったとき、苦戦の責任をとって罷免されたが、25年後の第２次世界大戦では英首相として母国を勝利に導いた。

リーダーは生まれるのではない。リーダーの多くは挫折という針のむしろの上で作られる。

われわれは、兵士を率いて戦闘に参加したり、危機に陥った国家を救う役割を担うことはないかもしれない。しかし、家族、会社、コミュニティをよりよいものにするため、歴史上の優れたリーダーの特質は身につけておくべきである。

# 93.リーダーシップ５つの特徴

第２次世界大戦後、米軍はすべての軍人が学ぶべきリーダーシップの５つの特徴をまとめた小冊子を兵士に配布した。これらは日々の生活でよりよいリーダーになろうと努力する民間人にも大いに参考になる。米軍のアドバイスを取り入れることで、君は立場を明確にし、創造的で、各所のリーダーをサポートできる男になれる。

**1：**自身の価値観や決断を揺るがせない。危機に際しては動じず、内に秘めた決意を実行する。

**2：**必要に応じてリスクがとれる。

**3：**チームを勝利に導いた部下に報いる。

**4：**物事がうまくいかなかったとき、同様の非難を受け入れる。

**5：**過去の勝利や敗北にとらわれずに、将来の目標に集中する。

# 94.決断のマトリクス

リーダーは決断する。しかし、洪水のように仕事が押し寄せると、危機の管理と処理に多くの時間を費やし、有意義な前進などできないかもしれない。しかし、いつも立ち泳ぎをするだけで、前に進めないなら、君は〈緊急事態〉と〈重要案件〉を混同している。

ドワイト.D.アイゼンハワーは難しい決断を下すという責務について熟知した指導者であった。人類史上最大規模のノルマンディー上陸作戦を最高司令官として指揮し、のちにアメリカ大統領となったアイゼンハワーは難しい決断を数多く下さなければならなかった。アイゼンハワーはつぎの行動指針を守ることで有能なリーダーであり続けた。「重要なことが緊急であることはあまりなく、緊急であることの多くは重要なことではない」

有能なリーダーは重要なタスクには時間をかける一方で、急を要するタスクは誰かに任せ、時間をかけない。難しいのはそのタスクがどちらに属するかである。

アイゼンハワー流マトリクスがその判断基準を教えてくれる。この中で第２象限に属する事案に時間をかけよう。

そして、君はその日、最高司令官になる！

**重要なことは急がなくていいことが多く、**
**急がなければならないことは**
**重要ではないことが多い。**

ドワイト. D.アイゼンハワー

# 95.OODA（ウーダ）ループ

米空軍のジョン・ボイド大佐が提唱した意思決定システム「OODAループ」は、軍事のみならずビジネスや政治などさまざまな分野に活用できる。Observe（観察）、Orient（状況判断）、Decide（決定または仮説）、Act（行動または思考）のサイクルを繰り返すことで、迅速な意思決定が可能になる。OODAループは4つのステップを最速で実行した者が勝者になる方法だと思われているが、OODAループはもっと奥深いものである。

これがループの最も基本的な図である。

**1：**ボイド自身もループを説明する際にこの図を使用したが、完全版はより総括的である。

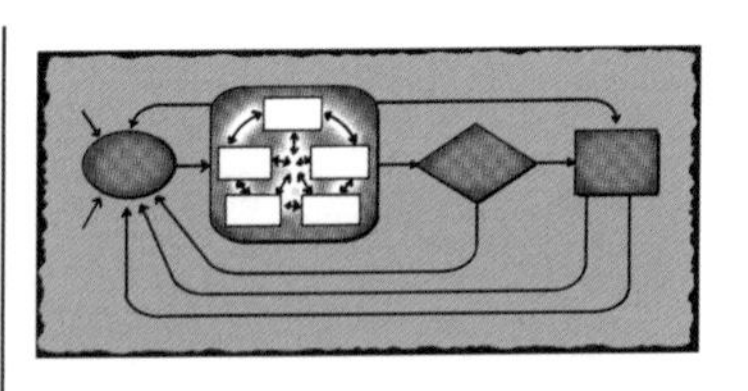

**2：**完全版の図は初心者にとって理解しにくいだろう。しかし図に秘められた思考を理解すれば、この図に深い意味があることがわかる。

OODAループは、変化する現実についていけないことが意思決定の足かせになっているという考えに基づき編み出された。人は、状況が変化し、現実にはそぐわなくなっているにもかかわらず、メンタルモデル（思い込み・価値観）を改められず、自分の感覚のずれに気づかず苦悩する。

**観察——**

観察とは現状を認識することである。観察により得られた新たな情報は、自身の思い込みを改めてくれる。しかし、不完全な情報の洪水に翻弄され、シグナル（信号）とノイズ（雑音）を識別できなくなる怖れがある。この不確実な状況を乗り越えるために方向性の判断が必要となる。

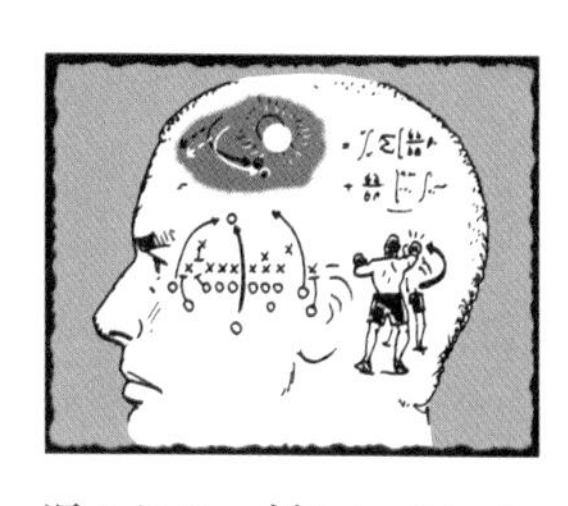

**状況判断——**

観察した情報に基づいて、行動の方向性を判断する。変化する環境に適応するためには、陳腐化した思い込みを排除し、現実に即した新たなメンタルモデルを構築しなければならない。このプロセスは常に繰り返される。新しいメンタルモデルを作り上げても、君の置かれた環境は常に変化しているので、そのメンタルモデルも古いものになってしまう。ボイドは方向性の判断について以下のアドバイスをしている。

## 複数のメンタルモデルが入った頑丈なツールボックスを用意せよ。

## 思い込みを捨て、複数のメンタルモデルを学べ。

新たな問題が生じたら、前述の手順を繰り返そう。問題解決の見識を得るため、別のメンタルコンセプト（概念）がないか自問する。

## 状況判断を止めてはならない。

君がいる世界は常に変化しており、状況判断を止めてはならない。常に状況に適応する――状況判断に有益なメンタルコンセプトを日々ツールボックスに追加しよう。

## 行動する前にメンタルコンセプトを有効にする。

「成功・不成功」につながったかつてのメンタルコンセプトを思い出し、再び反芻・視覚化しよう。

**決定（または仮説）――**

世界は常に変化しているため、不確実性が付き物で、完璧なメンタルモデルを選ぶことはできない。入手した情報に応じて、君が十分だと思うメンタルモデルで妥協しなければならない。その決定が正しいかどうかはテストしてみるしかない。

**行動（または思考）——**
OODAループは意思決定のプロセスであるだけでなく、学習の方法でもある。テストを繰り返すことで、メンタルモデルが正しかったかどうかを実証し、日々の生活の場面で行動様式を改善することが可能になる。もしメンタルモデルが正しければ、君は戦いに勝利する。もし正しくなければ、新たに観察した情報を用いて、OODAループを再開する。

## 早いものが勝つ。

**速さ——**
OODAループはわれわれの行動のガイドであり、必ずしも「対戦相手」がいなければ役に立たないものではない。しかし、衝突や競争でライバルもOODAループを使って接戦を繰り広げるとき、速さも重要となる。

相手より早くOODAループを連続して、上手に行なった者が勝者となる。君が素早くOODAループを行なえば、相手は混乱して、OODAループをリセットしなければならなくなり、観察段階に戻ってどう進むかを考えなくてはならなくなる。速さの鍵は練習である。

**ボイドは君が知るべき７つの学問を明らかにしている。数理論理学、物理学、熱力学、生物学、心理学、人類学、組織行動学である。ビジネスで成功を目指すなら、君はキャリアに即したメンタルモデルを持っていなければならない。生死を分ける状況で生き残るには、戦術状況に適した独特なメンタルモデルが必要となる。数多くのメンタルモデルを学ぼう。**

# 96.カリスマ性を手に入れる

カリスマ性があれば君は尊敬を集め、人々を魅了し、君の成功を疑う者はいなくなる。カリスマ性はリーダーに不可欠な要素である。カリスマ性のある男は好感を持たれ、力強いと受け止められる。精力的で魅力的な男に開けられない扉はない。持って生まれた資質とは異なり、カリスマ性は多くの場合、非言語的な行動で習得できる。『The Charisma Myth』の著者オリビア・フォックス・カベインは、人を強く魅了する行動は3つのカテゴリーに分けられるという。「存在感」「力強さ」「温かみ」である。

**存在感――**

**1：**カリスマ性とは、君が自分の優れた点を吹聴することではない。相手に自身が重要な人物だと思わせ、彼ら彼女らがその立場に置かれることを心地よいと思わせることである。

**2：**君は常に存在していなければならない。もし心ここにあらずだったら、いつもは気にしていない呼吸や床に下ろした足の触感など、身体的な感覚を数秒間研ぎ澄まそう。

**3：**相手が話しているときは目を見る。アイコンタクトは会話を親密なものとする。見つめられた相手は、君とのつながりを実感する。

**4：**あやふやな点を確認する。相手が話し終わったら、質問をすることで、心身ともにその場にいたことを伝える。相手の言葉を言い換えて、「君の考えはこうだろうか？」と確認する。

**5：**発言する前にちょっと間をおく。すぐに発言して相手の話をさえぎってしまったら、自分の話したいことだけを考えていると思われてしまう。話をする前に2秒待とう。相手に話を理解したことが伝わるはずだ。

**力強さ——**

**1：**人はボディランゲージと外観を記憶するようにできており、これらの特徴を感じとることで人々は君の力強さを心に留める。

**2：**身体を鍛えよう。均整のとれた男性的な体格は、力強く、指導力があり、仲間を守ってくれるという人々の原始的な脳に訴える。

**3：**力強さを象徴する格好をしよう。Tシャツの代わりに、上品なボタンダウンのシャツを着て、チノパンと革靴を履く。スポーツコートやブレザーに袖を通し、より男らしいシルエットを作ろう。

**4：**スペースを取ろう。腰を下ろしているときはそっと自分のスペースを増やす手立てを考える。立っているときは（両手を腰に当てるなどして）、力強い

姿勢をしよう。

**5：**あまり喋らない。ゆっくり話す。パワフルな男は会話に加わるが、会話を独占しようとはしない。男はあまり喋らず、バツの悪い沈黙を恐れない。人は沈黙が始まると、何か話そうと大慌てになる。尋問や交渉で、意図的に沈黙の時間が訪れるのはこのためだ。

**6：**知性を磨く。周囲に影響を与えるには、知性は重要な武器だ。活字を読もう。自身の専門分野に加えて、多くの分野の知識をできるだけ吸収する。

**温かみ——**

**1**：温かみが伝わると人は安心する。温かみは、理解されたい、認めて欲しい、気遣って欲しいと願う人間が求める基本的な願望である。カリスマに必要な要素のうち、真の温みがいちばん難しい。人はまやかしの温かみを嗅ぎつけるのがうまく、偽りの温かさを感じると、後ずさりする。人に温かみを伝える行為は、力強く、純粋な良心から生じるものである。日々感謝することを練習すれば、内から湧き出る温かさを他者と共有できるようになる。努力するだけの価値はある。

**2**：来客を迎えるホスト役を演じる。客人にくつろいでもらうため、君はいろいろなことを考えるはずだ。同じメンタリティですべての人と接しよう。

**3**：話をするときは微笑む。微笑むことで、声は柔らかいものになる。とくに電話で話をするときは微笑みを忘れない。

**カリスマ性のある男は好感を集め、
かつ力強い存在と受け止められる。
ダイナミックで、魅力的な君はいくつもの
扉を開けていくことだろう。**

**4：**相手のボディランゲージを真似る。相手の動作と話し方を真似ることで、相手は君を信頼し、より魅力的に思うだろう。相手のすべての癖を真似る必要はないが、もし相手が柔和に話しているなら、君も優しく話そう。相手が背もたれに身体を預けていたなら、君も少し寄りかかろう。でも同時に真似るのではなく数秒ほど間をあける。

**5：**楽な姿勢をとって相手と打ち解ける。背筋を伸ばした姿勢から、人々は力強さや自信を感じ取るかもしれない。しかし、時として、冷淡で傲慢な印象を相手に与えてしまう。腕は組まずに身体の横に下ろす。足も組まず、開いたままにする。君と相手の間にバリアーを作ってはいけない。

**6：**微笑みを忘れない。微笑めば、君は魅力的になり、親しみやすくなる。

**7：**大切な日や結婚記念日を忘れない。誕生日を覚えていてくれたことで人々は驚き、感動する。カードかメールを送ろう。誕生日を祝うだけでなく、ひさしぶりの交流を喜び、変わりがないか尋ねよう。

**8：**手間を惜しまず感謝のカードを送ろう。君が気にかけ、時間をかけて労に報いていることを人々は知るだろう。感謝のカードは封筒に込められた温かさだ。

# 97.常に男らしい姿勢で

正しい姿勢で座り、立つことで、呼吸が整い、記憶力と学習能力は向上する。正しい姿勢をした男には自信がみなぎり、力強さがにじみ出る。正しい姿勢をすれば、男性ホルモンのテストステロンが分泌され、より男らしさを実感するだろう。

正しい姿勢は堅苦しいものや難しいものではない。正しい姿勢は筋肉ではなく骨格がバランスのとれた姿勢を支える。目指すのは首元のくぼみ、背中の中央部の丸み、腰回りのくびれで、3つの自然な曲線を持つ自然体である。

**立ったときの姿勢――**

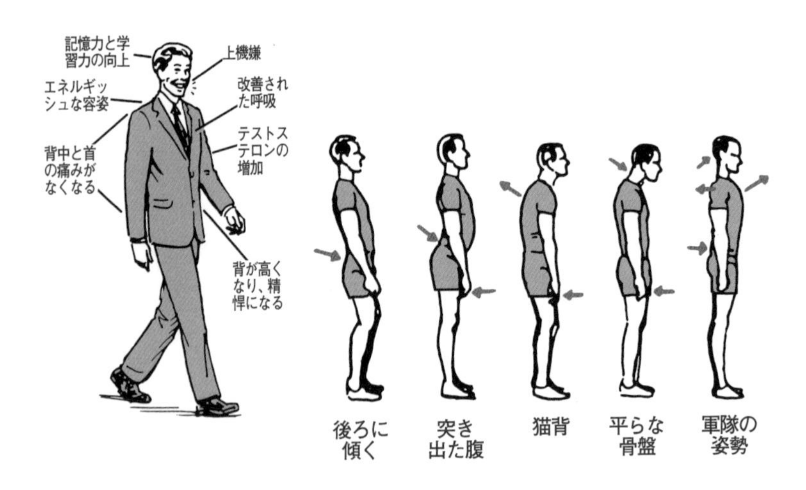

耳たぶから糸が下がっている姿をイメージしよう。正しい姿勢はこの糸が真っ直ぐ足首の中央に垂れ、肩、腰、ヒザはその線上に並ぶ。イメージどおりに立つことができなければ、壁際に立って練習しよう。カカトを15センチほど前に出して、頭、肩、背中を壁につける。下腹部の筋肉を引き締め、腰の下のアーチを小さくする。これが正しい姿勢だ。壁から離れ、この真っ直ぐなラインを維持しよう。

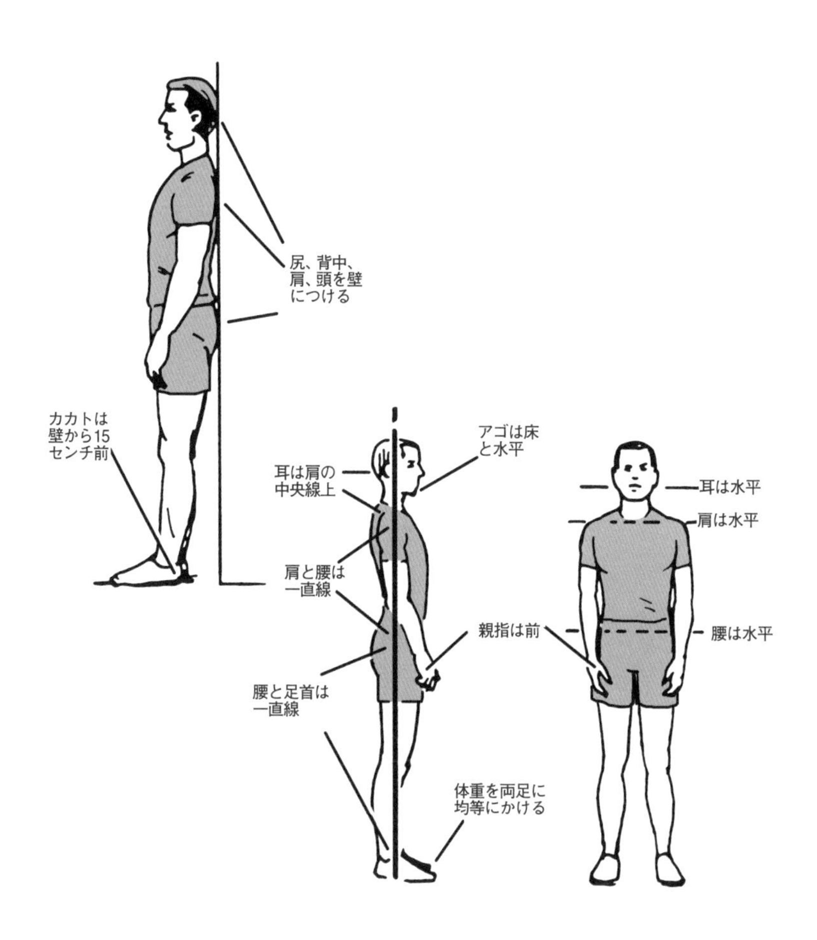

**座位——**

誤った座位

座位は立っているときよりも、正しい姿勢を維持するのが難しい。最初にできることは座る時間を短くすることである。30〜45分ごとに立ち上がり、身体を動かそう。スタンディングデスクの使用も考え、交互に座ったり、立ったりして１日を過ごそう。

正しい座位

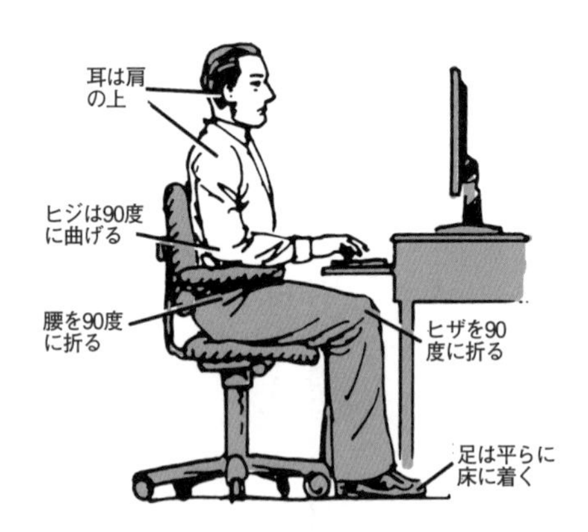


リラックスした状態で、耳が肩の上にくるように座る。足をしっかり床に着け、ヒザと腰を90度に曲げる。キーボードを叩くなら、ヒジも90度を維持する。もしヒザ、腰、ヒジが正しく曲げられないなら、椅子を調整する。

## スマートフォンを見る際も前かがみにならない。

正しい姿勢がとれていれば君の頭は背骨の上にきている。頭を自然な位置に維持するために必要な力は頭の重さとほぼ同じで、約5キロである。しかし頭を前に出すと頭を支える力は増加する。頭を45度傾けると首にかかる重量は23キロにもなる。

前かがみでスマートフォンを覗いていると、筋肉は疲労し、この消極的な姿勢により気分が落ち込む（欧米ではこの現象から鬱が増加しているとまで考えられている）。

改善方法は簡単だ。スマートフォンに目を落としてはならない。目の高さまで上げよう。自撮りをしているように見えるかもしれないが、この姿勢をとることで、ボーリング玉のような頭を背骨の上に乗せることができ、背中、肩、首の筋肉にかかる負担を軽減できる。

## だらしない姿勢でいると、気分まで落ち込む。

# 98.上半身のストレッチ

不健康な座り方をしていると、首や背中が痛くなったり、長期的には脊柱後弯症（猫背）、背中の上部に明らかなこぶができる可能性がある。脊柱後弯症は外観だけの問題ではない、痛みと呼吸の困難をともなう。これから紹介するのは前のめりの座り方の悪影響を解消する6つの運動である。

## 戸口を使ったストレッチ

**1：**戸口の内側（あるいはジムのスクワットラックの隣り）に立ち、右腕を（ハイタッチをするように）90度上に上げて、ドアのフレームに押しつける。ヒジは肩の高さ。身体を左側に向け、30秒かけて胸と前肩をストレッチする。左腕でも同じことをする。

**2：**ヒジを上げ下げすることで違った筋肉をストレッチできる。ヒジを下げれば、大胸筋をストレッチでき、ヒジを上げれば、小胸筋のストレッチになる。

## ボールを胸で押しつける

**1：**テニスボールを使って胸の頑固な凝りをほぐす。

**2：**ボールを胸と壁の間に入れる。ボールが来たら痛む場所、ホットスポットが見つかるまでボールを胸の上で動かす。ホットスポットを見つけたら、動くのをやめ、10〜20秒間じっとす

る。ボールを押す力が筋膜の痛みを取り除き、凝った筋肉をほぐしてくれる。再びボールを動かし、ホットスポットを探す。この5分間のセッションを1週間に3回行なう。

**肩関節をほぐす**

**1：**心配しなくていい。この運動で肩が脱臼することはない。この動作を続けることで硬くなった肩を驚くほどほぐすことができる。

**2：**ポリ塩化ビニール製のパイプか、長さ1.5メートルほどの柄を持つほうきを用意する。身体の前でパイプを上から握る。もし肩が硬ければ、できるだけ間隔を空けて持つ。身体が柔らかくなってきたら、その間隔を狭くする。

**3：**ゆっくりとパイプを持ち上げ、頭の上を通してお尻まで動かしたら同じように戻す。もう一度ゆっくりと動かそう。動きが早いとケガをしてしまう。10回を1セットにして、3セットやろう。

**フォームローラーで胸を伸ばす**

**1：**仰向けになり、背中の上部の下にフォームローラーを入れる。足と腰は床の上に、手は頭の後ろに当て、ヒジはできるだけくっつける。頭を下ろし、フォームローラーに沿って、身体を伸ばす。フォームローラーを前後に動かし、ホットスポットを見つけよう。ホットスポットが見つかったら、頭を上げて背中をフォームローラーに押しつける。再び頭を下げて、背中の中央部にほかのホットスポットがないか探す。

**Ｙ字のうつ伏せ伸び**

**1：**うつ伏せになり、手を頭上に伸ばしてＹの字を作る。手のひらは下に向ける。背筋を使って上半身を持ち上げ、身体が最上部に来たら、肩を回して、両手のひらをつける。頭は首と肩と一直線になるようにする。頭を持ち上げたら、５～10秒そのままでいよう。身体を最初のポジションに戻し、伸びを10回繰り返そう。

**ウォールエンジェルス**

**1：**簡単な運動に見えるかもしれないが、数回繰り返したら、身体は悲鳴を上げるほどキツくなる。

**2：**ヒザをやや折り、腰、背中と頭を壁に押しつける。腕も押しつけ、指でも壁を押す。アメフトでタッチダウンの成功の合図を審判が出している姿をイメージする。

**3：**腕を上げよう。重要なのは指、背中、腰、頭をしっかりと壁に押しつけることだ。背中が曲がってしまうかもしれない。もし背中が壁から離れてしまったら、君のやり方は正しくない。

# 99. T字型の頭脳を手に入れる

君はV字型の身体を手に入れたいと思ったことがあるかもしれない。しかし頭脳面でも理想的な形がある。それはT字だ。T字型の男は1つの分野で優れた技術を持つだけでなく、幅広い分野に通用する技術と知識を持つ。1つのことを極めたエキスパートでありながらも、万能選手になることのできる男を目指そう。

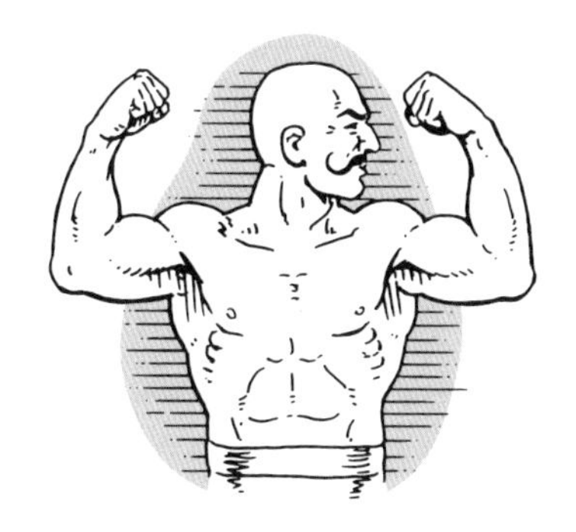

**歴史上、有名な男の多くはT字型だ。解剖学、機械工学、建築学、植物学を学んだ巨匠レオナルド・ダ・ヴィンチを思い出して欲しい。ダ・ヴィンチは幅広い関心を持っていたが、美的センスを失うことなく、開かれた目をもとに素晴らしいアーティストになった。解剖学を研究したことで、ダ・ヴィンチは優れた画家・彫刻家となり、史上稀に見る真に迫る人体像を表現した作品を残した。機械工学へ関心を持っていたダ・ヴィンチは戦車、ヘリコプター、飛行機など、数百年後に実現したいくつかのコンセプトをスケッチした。ダ・ヴィンチの例にならい、1つの分野を究め、さらにいくつかの分野に少しだけ手を出してみよう。**

# 100.腰のストレッチ

長時間、前かがみの姿勢で座っていると腰が硬くなる。柔らかい腰は健康で強健な身体にとって欠かせない。まず、柔軟な腰は単純に気持ちがいい。つぎに腰を健康的に動かせることで、余暇にスポーツをしたり、家事をする際にケガの危険を回避できる。柔らかい腰は腸脛靱帯を締めつけず、ヒザの痛みを防ぐ。さらに腰の手入れをすることで、姿勢はよくなり、肩や首の痛みは軽減される。これからデスクの前に一日中座っていたことから受けた腰のダメージを回復させるいくつかの簡単なストレッチを紹介しよう。

**座らずに動くこと——**

「1オンスの予防は1ポンドの薬の価値がある」ということわざのように、腰の動きのためにできる最良の行動は座らずに動くことである。上司が許してくれるなら、スタンディングデスクの使用を検討しよう。スタンディングデスクはオフィス内での筋肉の動きを活発にしてくれる。ただ座りつづけるのと同様、立っている時間が長過ぎるのもよくない。スタンディングデスクが難しければ、30〜45分座ったあとに5分間休憩をとって、立ち上がり、少し歩く。これから紹介するエクササイズも有効である。

### 腰をストレッチしよう——

身体が硬ければやさしく動かす。「痛みの洞窟に入ってはいけない。君を救うトーテム（動物の神）はそこにはいない」（理学療法士ケリー・スターレット）

### レッグスイング——

**1：**足を前に出す。バランスを保つためにつかまれるものを探す。右足を後ろに振ることから始め、前後に振って、無理することなくできるだけ高く、そして後ろに上げよう。20回繰り返し、足を替える。

**2：**次に横に足を振る。バランスを保つためにつかまれるものを探す。右足を横に振り、できるだけ高く上げる。そしてできるだけ遠く左側に振る。20回右足を振り、足を替える。凝りが強かったら、もうワンセットする。

### グロクスクワット——

グロクスクワットの姿勢は野球のキャッチャーの姿勢に似ている。尻が足首に着くまで腰を下ろす。カカトをしっかり大地に着けて背中を真っ直ぐにする。この姿勢を30〜60秒保つ。ヒザの腱、大腿四頭筋、アキレス腱、腰、鼠蹊部がゆっくりと伸ばされていくのがわかるはずだ。もし身体が本当に硬いのなら、スクワットができるようになるまで数日かかるかもしれない。継続は力なりだ。君の行ないにきっと腰は感謝しているだろう。日々の空いた時間に、この短いスクワットのセッションを行なう。

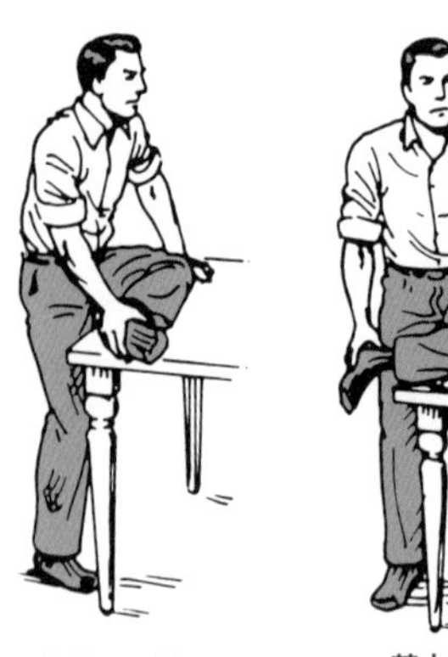

よりハード

基本

**テーブルピジョンポーズ——**

もしヨガをやったことがあるなら、ピジョン（鳩）ポーズは知っているだろう。このストレッチも同じだが、テーブルを使うことでより容易になり、多方向から筋肉をストレッチできる。片足をテーブル（ベッドでもいい）に乗せ、膝を90度横に曲げる。片手をテーブルに突き、もう一方の手は姿勢を崩さないよう、テーブルの上の足の上に置く。前かがみになり、60～90秒じっとする。次に10時の方向に身体の向きを変え、60～90秒静止する。右の２時方向にも身体を向けて60～90秒じっとする。テーブルに載せる足を替えて、同じことを繰り返す。

ヒザに問題があるなら、身体の向きを変えて、足がテーブルを出るようにしてヒザの下に枕を入れる。目標はピジョンポーズを１日に２回すること（私は運動時に１回やり、もう１回はランダムな時間にやっている）。

**バーベルグルートブリッジ——**

お尻と腰の筋肉を鍛えるのに効果的なヒップリフト。床に仰向けに寝て、ヒザを曲げる。ヒザから肩まで一直線になるように腰を上げ、ゆっくり元の姿勢に戻す。この動作に慣れるまではウエイトを使わず、慣れてきたら腹の上にバーベルやダンベルを乗せて10回ほど行なう。

**カウチストレッチ――**

このストレッチは大腿四頭筋を伸ばすもので、徐々にできるようになっていく。カウチストレッチをすることで何年にもわたり座っていたダメージを回復できる。このストレッチには必ずしもカウチは必要ないが、カウチがあれば快適にストレッチできる。ヒザを壁に押し当て床でやることもできる。

簡単にやるなら、左のイラストようにストレッチする足のヒザを折り、曲げた足をソファーの背に立てよう。もう一方の足は床につく。背骨が自然な位置（立っているときの姿勢）になるまでゆっくりと胴を上げて行く。尻と腹筋に力を入れる。4分間同じ姿勢でいる。反対側の足でも同じことをする。股関節屈筋がよくストレッチされたことが感じられる。やりすぎはいけない。

より効果を得たいのなら、ストレッチしない方の足もソファーの座面に乗せよう。背骨を真っ直ぐにしたまま、尻と腹筋に力を入れ、静止する位置まで上がったら、4分間じっとしている。直立できるようになるまで、時間がかかることを忘れない。私は大変な思いをしてこのストレッチを学んだ。私は胴を45度の位置までしか上げることができず、手をついて身体を支えた。私は2週間このストレッチに打ち込み、ようやく直立の姿勢をすることができるようになった。腰の動きが変わる（変わり続ける）ことは大きな違いを生む。

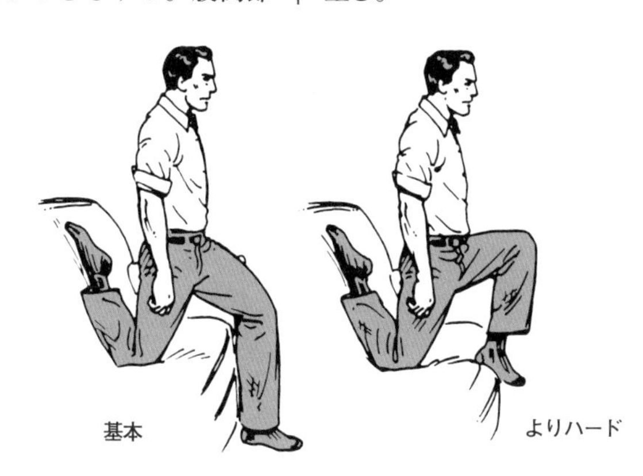

# 101.カッコよく部屋を出入りする

誰かと最初に会うときは最初の一歩が重要だ。第一印象はドアを開けて部屋に入ることから始まり、部屋を出るところで終わる。よい印象を残し、好ましい関係に弾みをつけよう。

**入室——**

**1：**ドアを開けて部屋に入るときは、確固たる目的意識を持とう。準備ができるまで入ってはならない。

**2：**微笑みながら、きちんとした姿勢で部屋に入ろう。背筋をピンと伸ばし、頭を上げよう。部屋を見渡せ。床に目を落としてはならない。

**3：**温かい挨拶をして、身振り手振りを交えながら、明瞭に話そう。

## どれだけスムーズにやろうとも、時間を間違えてしまえば、礼儀正しく退出することはできない。

**退室——**

**1：**いつ適切に退出できるのかを決めよう。立ち寄ったパーティであれば、最低でも1時間は会場にいよう。夕食であれば、デザートかコーヒーが出てくるまで待つ。

**2：**立ち上がり、ホストと握手をかわし、持ち物を手に取り、「ありがとう。またお会いしましょう」と挨拶する。

**3：**しっかりとした意識を持って、その場を離れよう。退出しながら、誰かに捕まってはならない。会話を始めれば、退出しなければならない根拠があやふやになってしまう。

# 102.雑談を切り上げる

誰でも度を超して長い会話をしてしまった経験があるだろう。礼儀正しくなければ、突如会話を打ち切られた相手は拒絶されたと思う。簡単ではないと思うかもしれないが、君は親しみをこめて会話を終わりにすることができる。意思に関係なく続く雑談を終えるには、明確な理由が必要で、会話が途切れたときを待ち、目的意識を持って会話を終えることが重要だ。

**1**：会話が途切れるときや、相手が飲み物を口にするときを待つ。そして行動に移す。

**2**：その場を離れる口実を口にしよう。誰かに質問をしなければならない、飲み物を取りに行く、様子を見に行くなど。

## 長々と続く会話を切り上げるには、明確な理由が必要だ。

**3：**会場にいる別の人を話し相手に紹介しよう。あるいは相手に誰かを紹介してもらうのもいい。

**4：**話し相手と一緒に何かしよう。状況の変化から、会話を終えることができるかもしれない。

**5：**お話しできてよかったと言い、握手をし、目的意識を持ってその場を離れよう。会話を終えるセリフを口にしたら、確実に最後まで実行する。

# 103.面接を受けに行く

面接でよい印象を与えようとするなら、外見は重要だ。人前に出ても恥ずかしくない格好をし、身なりを整え、応募する仕事にあった服装をしなければならない。一般的には職場のドレスコードよりも少しだけよい格好をするのが決まりだ。

もしウェイターがジーンズとTシャツを着ているレストランに応募するなら、チノパンとポロシャツを着て面接に臨もう。チノパンとポロシャツで働いている職場の仕事に応募するなら、ボタンダウンとチノパンで面接に行く。もしみんながチノパンとボタンダウンで働いているのなら、ジャケットを着て、ネクタイを締めよう。おわかりいただけただろうか。

**フォーマルな面接に行くときの服装**

**カジュアルな面接の服装**

# 104.デスクに常備するもの

会社のデスクは第二の我が家のような場所である。君が超高層ビルで勤務するグラフィックデザイナーであろうと、中西部にある農村の中学校教師であろうと、デスクは整理整頓され、快適な場所でなければならない。必要なものと、非常時に必要なアイテムをいくつか揃えよう。

## 必要なものを揃え、会社のイベントや災害に備えよう。

① 洋服……予備のジャケットがあれば、急に決まった重要な会議で礼を欠くこともなく、また冷房が効き過ぎるのであれば、セーターがあるとありがたい。何かをこぼすこともあるだろう。予備のシャツとズボンも用意したい。
② 洗面用具……デオドラント、歯ブラシと歯磨き粉、デンタルフロス、コロン
③ ミントタブレット
④ 小説……ランチのときに読んでもいいし、パソコンで疲れた目を１時間に５～10分休めるのにもいい。
⑤ 粘着式クリーナー
⑥ 傘
⑦ 携帯電話の充電ケーブル
⑧ 写真立てに入った家族や友人の写真
⑨ ヘッドフォン……生産性を上げるために神から贈られたもの。
⑩ ノートとペン
⑪ マイボトル……水分を補給してゴミを減らそう。
⑫ スナック……アーモンドのような健康的で保存の利くものがいい。
⑬ 手指用の消毒液
⑭ 現金……合計20ドルほどのお札と小銭があればいいだろう。

# 105.会議を進行する

超高層ビルの上層階に入る会社で行なわれるピンと張り詰めた会議から、家族経営の店で開かれる宴会まで、重要な課題について主要な社員が意見を交換できる集まりは会社にとって必要不可欠だ。しかし、重要であろうとも、時間の無駄になるミーティングが多すぎる。注意力が散漫な出席者、本題とかけ離れた内容など、焦点を欠いたミーティングは生産性を下げ、具体的なメリットもない。明確な意図を持ち、達成可能なアクションプランを立てて、ミーティングの進行という挑戦を受けて立とう。

**1：**話し合うべき議題とその順序について詳細に記した計画表を作る。

**2：**キーパーソンが出席できるようにし、細かい問題はミーティングの前に個別に話し合っておく。

**3：**ベーグルかドーナツを用意する。事前にテーブルと椅子をU字型に並べて、時間どおりにミーティングが始められるようにする。

**4：**ミーティングの始めに、前回のミーティングの議題で達成されたことを報告する。

**5：**本題に入る。問題に対して具体的な解決策を提案する。話し合いが脱線しないよう、進行をコントロールする。

**6：**話をまとめ、時間どおりに終了し、目標が達成できるよう、フォローアップする。

# 106.プレゼン能力を高める

君が出版社に企画を売り込むライターであろうと、新しい料理をメニューに載せるよう上司を説得する副料理長、あるいは宇宙飛行士になるという夢を実現するためにフロリダへ転居しようと家族に提案する父親であろうと、自分の考えに沿った行動が必要だとほかの人を納得させることをメイク・ア・ピッチ（説得する）という。

1：関係者がエネルギッシュな早い時間にミーティングを始められるよう予定を立てる。

2：ボールを受け止めてくれる相方を用意する。君と君のパートナーの役割は事前に決めておく。

## 冷静でいよう。プレッシャーがあっても慌てない。

**3：**打ち解けた雰囲気で提案をしよう。パワーポイントは使わない。説得したい相手と共通の話題からミーティングを始める。

**4：**重要事項から話を始める。提案がいかに素晴らしいかを力説し、なぜその提案が受け手にとってもメリットがあるか、その理由を理路整然とプレゼンする。

**5：**バイヤーには懸念事項があることを想定しておこう。相手が抱くと予想される懸念事項について事前に答えを用意する。

**6：**ミーティングは明確な依頼をすることで終わる。もしその場で相手が首を縦に振らなければ、どうすれば問題を解決できるかを尋ねる。相手の返事の有無にかかわらず、電話か手紙でフォローアップする。

# 107.オフィス内のエチケット

最近のオフィス環境は、数十年前には考えられなかったほど進化している。協働に適したオフィススペース、愛犬を連れて来ることが可能なオフィス、卓球台からビーンバッグチェア（ビーズクッション）まで備えられた休憩室まで、かつてタイムカードで出退勤していた堅苦しいオフィスはその姿を変えた。会社はカジュアルなものになったものの、同僚に配慮し、君と君の同僚が働く環境を大切に思うのなら、今日でもルールは存在する。

**やるべきこと——**

**1：**周りの人を尊重する服装をし、清潔な身体でいよう。

**2：**エレベーターに乗ろうとする人がいれば、ドアを手で押さえる。

**3：**ときには同僚と一緒に楽しむおやつを持って行く。

## 現在の職場環境は数十年前とは大きく異なる。

**やってはならないこと——**

**1：**会議に遅れる。

**2：**休憩室でほかの人の食べ物を食べる。

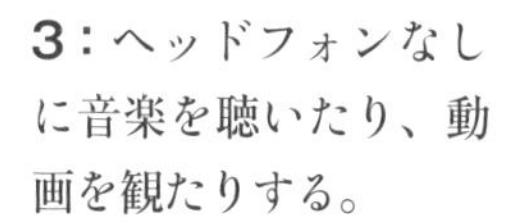

**3：**ヘッドフォンなしに音楽を聴いたり、動画を観たりする。

# 108.男らしく握手する

誰かに最初に会うとき、もしくは100回目であろうと、いい握手をすることで、自信、力強さ、温かさ、誠実さを相手に伝えることができる。自信に満ちた上出来な握手をするには3つのポイントがある。どのように、いつ、どこで握手するかがそのポイントだ。

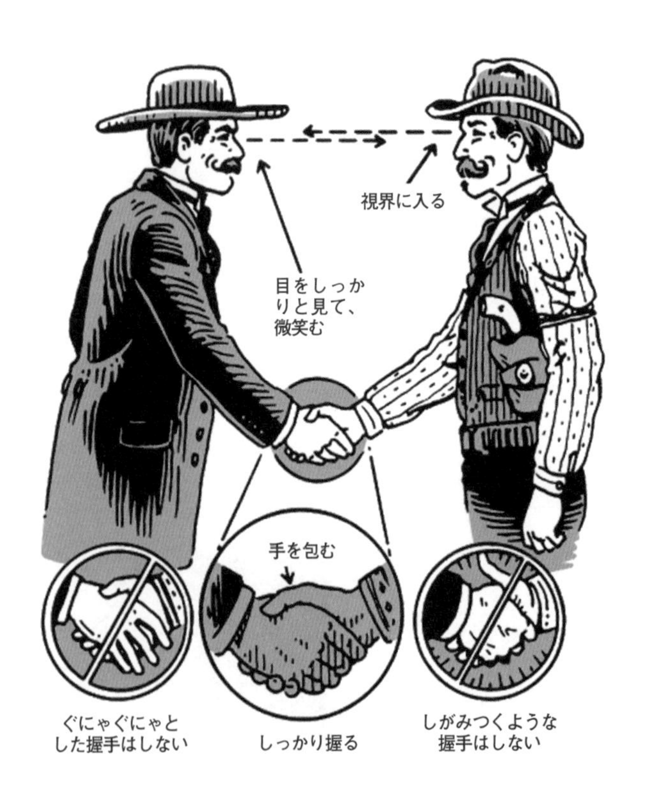

**握手の仕方——**

**1：**しっかりとした握手をする。弱々しい握手や相手の手を握りつぶすような握手はしない。

**2：**相手の手を包み込む。君の親指と人差し指は、相手の手と同じ位置を握る。

**3：**手に食べ物や油がついていないようにする。相手には君のことを覚えて欲しいのだ。君が食べたものではない。手に汗をかいているのなら、ズボンでさりげなく拭く。

**4：**笑顔で相手の目をしっかり見る。

**いつ——**

**1：**よい握手をするのなら、タイミングも重要だ。パーティや社交的なイベントでは、会場に着いたときと退出時にホストと握手する。初めて会った人とも握手する。友人、親戚、知り合いとはハグすることが不適切な場合に握手する。

**2：**無視されることが怖くて、握手を求めない人もいる。気がついてもらえているかわからなくても握手を求めよう。もし無視されても、バツの悪い思いはしない。大切に思われていないのではない。タイミングがよくなかったのだ。

●握手をしようとする相手が会話に熱中しているなら、握手は求めない。

●相手に横から近づいて握手を求めてはならない。相手に君は見えない。

●相手に気がついてもらえるよう、声を出して挨拶し、握手を求める。

●多様な行動様式を尊重しよう。握手をするのか、あるいはいつ握手をするのか、多くの文化圏にはならわしがある。

**どこで——**

どこでも握手はいいものだ。社交的な集まり、宗教の儀式（さまざまなしきたりに注意しよう）、家族の集まり、結婚式など、握手が適切な場は多くある。握手を惜しんではならない。君は握手の妙技をすぐに極めることができるだろう。

# 謝　辞

私の名前が表紙にあるが、本書を上梓するにあたり多くの人の協力があった。

まず、パトリック・ハチソンにはこの本に紹介されているスキルについて多くの研究をしていただいた。ありがとう、パトリック。artofmanliness.comのイラスト入り記事の制作において君は頼りになる男だ。

ジャレミー・アンダーバーグ、君は「アート・オブ・マンリネス（The Art of Manliness：AoM）」で、怖いもの知らずの万能選手だ。この本のワークフロー、締め切りの厳守、細部まで記述されているかの確認をしてくれたのは君だ。ジェイ、過去４年にわたり、ＡｏＭに多大なる貢献をしてくれた。ありがとう。

テッド・スランピャク、この本とＡｏＭのウェブサイトに多くのイラストを何年も描いてくれてありがとう。イラストレーターの仕事を紹介する一記事が、実り多い関係を結ぶきっかけになったと誰が想像しただろう。テッド、ありがとう。

私のエージェント、ワックスマン・リーヴェル・リテラリー・エージェンシーのホーリー・ルーツとバード・リーヴェルに感謝したい。２人のおかげで、この本のアイデアが実現した。

この本を形作っていく過程で私たちの編集者、マイケル・スカルバの導きと見識は必要不可欠であった。ありがとう。

銃やナイフを持った男の武装を解除する方法に知見をシェアしてくれたマイク・シークランダーに感謝したい。

家族をＶＩＰのように守る方法についてはグレイフォックス・インダストリーズに見識を提供していただいた。ありがとう。

車のスリップからの回復法は、チーム・オニール・ラリー・スクールがartofmanliness.comに寄稿してくれた。記事の転載を許可してくれた同校に感謝したい。
最後に私の家族に感謝したい。まず、私の子供、グスとスカウト、君たちは私の人生を輝かしいものにしてくれた。私は君たちが私の子供であることを幸せに、また誇りに思う。私は君たちを愛している。この本を読んでくれ。少しは役に立つだろう。
そして、最後に私の素晴らしい妻、ケイトに感謝したい。君は私の相棒で同志だ。君を人生の伴侶とし、ＡoＭで一緒に仕事できたことは大きな喜びだ。数年にわたり、素晴らしい文章の執筆とサイトの編集をありがとう。私の拙い文章に磨きをかけ、宝石のようにする方法を君は知っている。この本の編集とサポートをありがとう。君を愛している。いつも、いつまでも。
ブレット・マッケイ（Brett McKay）

本書のイラストを描くにあたり、まず私の妻ジェニファーからサポート、フィードバック、素晴らしいアドバイスがあったことを感謝したい。勇気づけ、愛、サポートは常に必要であった。またそれは今後も変わらない。愛する人よ、ありがとう。
もちろん、私のイラストを加えることを思いついたマッケイ夫妻に感謝しなければならない。私たちは完璧なパートナーとなり、素晴らしい友人になった。
アンダーバーグ夫妻には執筆、調査、リファレンスを担当してもらい、すべてのプロジェクトを通じて、私への導きがあった。感謝したい。私が一人前の顔をしていられるのは彼らの支えと働きがあってのことだ。
テッド・スランピャク（Ted Slampyak）

# 参考文献


### 第1章　冒険者になる

*Norwegian Wood* by Lars Mytting
*100 Deadly Skills : Survival Edition* by Clint Emerson
*The Survivors Club* by Ben Sherwood
*Survival Hacks* by Creek Stewart

### 第2章　紳士を目指す

*Modern Romance* by Aziz Ansari and Eric Klinenberg
*Essential Manners for Men by Peter Post*
*Esquire's Handbook for Hosts*

### 第3章　職人の技に学ぶ

*Shop Class as Soulcraft* by Matthew Crawford
*The Ax Book* by Dudley Cook
*How Cars Work* by Tom Newton

### 第4章　戦士たれ！

*Starting Strength* by Mark Rippetoe
*Solitary Fitness* by Charlie Bronson
*Principles of Personal Defense* by Jeff Cooper
*Left of Bang* by Patrick van Horne
*100 Deadly Skills* by Clint Emerson

### 第5章　家族を大切にする

*Be Prepared: Practical Handbook for New Dads* by Gary Greenberg
*The Secrets of Happy Families* by Bruce Feiler
*Couple Skills* by Patrick Fanning, Matthew McKay, and Kim Paleg
*The Dangerous Book for Boys* by Conn and Hal Iggulden
*The Happiest Baby on the Block* by Harvey Karp

### 第6章　リーダーシップに学ぶ

*Science, Strategy and War* by Frans P.B. Osinga
*The Charisma Myth* by Olivia Fox Cabane
*Deskbound* by Kelly Starrett
*How to Work a Room* by Susan RoAne

## 「アート・オブ・マンリネス」について

ブレット・マッケイ（Brett McKay）が2008年に始めた「アート・オブ・マンリネス（The Art of Manliness：AoM）」は、ウェブ上で最も大きな独立系男性向けサイトとなった。ブレットはオクラホマ大学で文学の学位を取得して卒業し、子供からの夢であった法科大学院に入学。タルサ大学法科大学院在籍中にブレットは余暇の楽しみとして、「アート・オブ・マンリネス」を始めた。ブレットと妻のケイトには２人の愛すべき子供がいる。グスとスカウトだ。２人はオクラホマ州タルサの本部でＡoＭを主宰している。

テッド・スランピャク（Ted Slampyak）は20年以上のキャリアを持つフリーランスのイラストレーターで、絵コンテ、漫画、書籍にプロとして携わり、彼のイラストは雑誌、ポスター、イベントに採用されている。テッドはベストセラーとなった『100 Deadly Skills』（邦訳：アメリカ海軍SEALのサバイバル・マニュアル）にイラストを提供し、６年にわたり連載が続いた新聞漫画『Little Orphan Annie』に漫画を発表し、『Jazz Age』にも寄稿している。テッドはニューメキシコ州ベルナリヨに、妻であり、デザイナー兼イラストレーターであるジェニファー・キニャックと２人の息子と住んでいる。

ジェレミー・アンダーバーグ（Jeremy Anderberg）はＡoＭの万能選手だ。編集者、ライター、ポッドキャストの製作などを務めている。ジェレミーはアイオワ州デモインにあるドレーク大学でジャーナリズムと宗教学を学んだ。ジェレミーはデンバー近郊で妻のジェーンと息子のグラムと暮らしている。

パトリック・ハチソン（Patrick Hutchison）は太平洋岸北西部で生まれ育ち、旅行とアウトドアについて10年以上執筆している。屋根の雨漏りを直そうと試みていないのであれば、釣りやハイキングに行っているか、浸水するボートを修理しているだろう。

# 訳者あとがき

クラシカルなイラストとともに男の技術が綴られたこの本は、読んでいて楽しいだけではない。紹介される108のスキルのいくつかは誰であろうと、関心があるだろうし、新たに興味を持つスキルの紹介もあるだろう。言わば、年齢を問わない成長の道しるべである。

喜ぶべきか、憂うべきか、洋の東西を問わず、男は弱くなったと思う。性平等社会を批判するのではない。男は時の進化とともに、男らしさを手放してしまったのではないか。しかし、著者が主宰するartofmanliness.comは、ウェブ上最大の独立男性向けサイトだという。性平等先進国のアメリカにおいても、多くの男が男らしくありたいと考えるのだろう。

間違いのないようにしておきたいが、著者は男性が支配していた、かつての男性社会の復活を求めているのではない。『37.女性のためにドアを開ける』(84ページ)で、著者は「騎士道にのっとった最も一般的な行為は、女性のためにドアを開けること。ジェンダー平等論者はこのような習慣は捨て去るべきだと言う。しかし、適切なタイミングでドアを開けることは悪いことではない。平等の価値は認識しているが、男女の違いに根ざした騎士道的な習慣も大切にしたい」と述べている。

男女の違いをないがしろにせず、性別の違いを大切にしながら、男女ともに光り輝く社会を創生していく。それこそがこれから求められていく理想の社会ではないだろうか。

優しくおしゃれだった明治生まれの祖父、何でも一人で成し遂げ、自立心の強い戦中派の父、彼らの背中を見ながら、私は生きてきた。私は彼らと肩を並べられる男になったのだろうか？

最後に妻の玲子にも感謝したい。妻の存在がなければ、私は翻訳者の端くれにもなれなかっただろう。

(茂木作太郎)

追記：「アート・オブ・マンリネス」は活動の一環として動画を配信している。本書と関連するスキルについて二次元コードで閲覧できるようにしたので参考にしていただければと思う。

茂木作太郎（もぎ・さくたろう）
1970年東京都生まれ、千葉県育ち。17歳で渡米し、当時は男子制であったサウスカロライナ州立シタデル大学を卒業。海上自衛隊、スターバックスコーヒー、アップルコンピュータ勤務などを経て翻訳者。訳書に『F-14トップガンデイズ』『SAS英陸軍特殊部隊』『シリア原子炉を破壊せよ』（並木書房）など多数。近刊予定に『ボーイング社の凋落（仮題）』。

男の教科書 危機から身を守る108のスキル

2023年4月1日　印刷
2023年4月10日　発行

著　者　ブレット・マッケイ&アート・オブ・マンリネス
イラスト　テッド・スランピャク
訳　者　茂木作太郎
発行者　奈須田若仁
発行所　並木書房
〒170-0002 東京都豊島区巣鴨2-4-2-501
電話(03)6903-4366　fax(03)6903-4368
http://www.namiki-shobo.co.jp
印刷製本　シナノ印刷
ISBN978-4-89063-431-6